民法典背景下民间借贷纠纷处理与案例分析

MINFADIAN
BEIJINGXIA
MINJIAN JIEDAI
JIUFEN CHULI YU ANLI FENXI

郭韧 宋泽 徐媛 方薇薇
王琴 张寄 郭晓阳 著

法律出版社 LAW PRESS · CHINA
北京

图书在版编目(CIP)数据

民法典背景下民间借贷纠纷处理与案例分析 / 郭韧等著. -- 北京 : 法律出版社, 2022
ISBN 978-7-5197-6783-9

Ⅰ. ①民… Ⅱ. ①郭… Ⅲ. ①民间借贷—经济纠纷—处理—研究—中国 Ⅳ. ①D925.104

中国版本图书馆 CIP 数据核字(2022)第 095265 号

民法典背景下民间借贷纠纷处理与案例分析
MINFADIAN BEIJINGXIA MINJIAN JIEDAI JIUFEN CHULI YU ANLI FENXI

郭 韧 等著

策划编辑 朱海波
责任编辑 朱海波 谢瑞忠
装帧设计 汪奇峰

出版发行 法律出版社
编辑统筹 法律应用出版分社
责任校对 邢艳萍
责任印制 刘晓伟
经　　销 新华书店

开本 710 毫米×1000 毫米 1/16
印张 15.25 **字数** 253 千
版本 2022 年 8 月第 1 版
印次 2022 年 8 月第 1 次印刷
印刷 三河市兴达印务有限公司

地址:北京市丰台区莲花池西里 7 号(100073)
网址:www.lawpress.com.cn
投稿邮箱:info@lawpress.com.cn
举报盗版邮箱:jbwq@lawpress.com.cn
销售电话:010-83938349
客服电话:010-83938350
咨询电话:010-63939796

书号:ISBN 978-7-5197-6783-9
定价:68.00 元

凡购买本社图书,如有印装错误,我社负责退换。电话:010-83938349

序

随着经济的发展，社会对资金的需求不断上涨。除了银行融资外，大多数老百姓还是靠民间融资，民间借贷形式多样、频率极高、规范性不强，因此产生的民间借贷纠纷案件每年呈指数级增长，为了顺应这类案件的高频发生，相关立法及司法机关对债务人、债权人、担保人在民间借贷纠纷处理中适用的法律规范不断完善。从《民法通则》对民间借贷纠纷案件的适用到2015年最高院颁布的《关于审理民间借贷案件适用法律若干问题的规定》，再到2020年该规定的二次重大修改，最后到2021年《民法典》的正式颁布及相关司法解释的更新，法律随着层出不穷的民间借贷纠纷中的经验不断发展。

民间借贷的主体大多是普通民众，对法律不够了解，经常因为对法律适用以及认知的不足丧失自己的权益，本书出版的目的就是希望能对普通人在借款时做一些简单的普法，在遇到纠纷时不慌不乱，合法合理维权，真正做到成为人民律师。

法律的生命在于经验，而经验则来自于法律从业者的实践，我们将团队把在法律执业过程中遇到的民间借贷纠纷领域的典型案件结合法院判例，进行收集和整理，通过问题解读、案件介绍、判决结果、律师点评、法条链接等板块，运用案例讲解的方式，以案说事、以案说理，力求通俗易懂，让非法律行业的读者也能读懂本书。我们希望更多的普通大众能从本书中获益，合法及时准确维权。

本书共分为上下两篇共十九章，上篇是对于民间借贷纠纷实体法相关问题的解答，下篇是对于以《民事诉讼法》为主的程序法在民间借贷纠纷诉讼中的应用指导，全书十九章共六十八个小节，每小节以一个问题为主题。这些问题是我们执业多年以来，客户咨询最多的问题，涵盖了当事人在民间借贷纠纷中可能会遇到的方方面面困境，我们按不同阶段总结成篇，力求能做到对民间借贷纠纷法律处理的“一网打尽”。民间借贷纠纷所涉及的法律关系往往十分复杂，金钱往来一般是更广的社会经济行为的冰山一角，解决好民间借贷纠纷离不开对各领域扎实的基本功，本书中也对民间借贷纠纷与婚姻家事的交叉，民间借贷纠纷与刑事案件的交叉等旁支话题作出解答。

我们律师团队的成员均毕业于华东政法大学、上海财经大学、重庆大学等知名院校，拥有民间借贷纠纷、房地产、物业、金融、婚姻家事等领域丰富的从业经验，本书中的观点是我和团队律师在实际案件办理中经年累月经验的总结和提炼，我们怀着精益求精的工作理念，悉心形成文本，我们怀着感恩和诚挚的心希望可以给广大读者提供参考。当然，由于我们的时间和精力有限，本书的不当之处，也请读者及法律专业人士予以及时反馈和指正。

本书的出版要感谢一众为法律事业不断添砖加瓦的团队律师们，感谢张寄、王琴、方薇薇、宋泽、徐媛、郭晓阳等团队成员为本书出版所花费的精力和时间。本书是我们一起收集、选材、书写、编辑、检索，日夜提笔斟酌所汇成的，这是送给读者的礼物，也是团队集体智慧和心血的结晶，感谢大家。

郭　韧

2022 年 7 月 18 日

目录 CONTENTS

上　　编

第一章

民间借贷的界定

在我国，借贷市场主要由金融机构借贷和民间借贷组成。

民间借贷是社会经济发展过程中相对于国家正规金融行业自发形成的一种民间融资信用形式，在我国有着久远的历史和深厚的传统，且为社会广泛接受。"民间借贷"这一称谓已经约定俗成。

根据《最高人民法院关于审理民间借贷案件适用法律若干问题的规定》（以下简称《民间借贷司法解释》）[1]第 1 条"本规定所称的民间借贷，是指自然人、法人和非法人组织之间进行资金融通的行为。经金融监管部门批准设立的从事贷款业务的金融机构及其分支机构，因发放贷款等相关金融业务引发的纠纷，不适用本规定"对《民间借贷司法解释》的适用范围作出规定，对民间借贷行为及主体范围予以明确界定，体现出了民间借贷行为特有的本质和主体范围：主体为除上述金融机构之外的自然人、法人和非法人组织。

这里的金融机构，包括 2010 年《金融机构编码规范》中所明确的九类金融

---

〔1〕 本司法解释由 2015 年 6 月 23 日最高人民法院审判委员会第 1655 次会议通过，根据 2020 年 8 月 18 日最高人民法院审判委员会第 1809 次会议通过的《最高人民法院关于修改〈关于审理民间借贷案件适用法律若干问题的规定〉的决定》第一次修正，根据 2020 年 12 月 23 日最高人民法院审判委员会第 1823 次会议通过的《最高人民法院关于修改〈最高人民法院关于在民事审判工作中适用《中华人民共和国工会法》若干问题的解释〉等二十七件民事类司法解释的决定》第二次修正。

机构,其所进行的借贷金融业务,不在《民间借贷司法解释》的规制范围内。基于此,经金融监管部门批准设立的从事贷款业务的金融机构及其分支机构,包括信托公司、汽车金融公司、金融租赁公司、小额贷款公司、第三方理财公司等日常生活中常见的金融类公司,因贷款业务所产生的纠纷,均不属于民间借贷,相关案件的审理不适用民间借贷相关法律法规。

法条链接

《最高人民法院关于审理民间借贷案件适用法律若干问题的规定》

第一条　本规定所称的民间借贷,是指自然人、法人和非法人组织之间进行资金融通的行为。

经金融监管部门批准设立的从事贷款业务的金融机构及其分支机构,因发放贷款等相关金融业务引发的纠纷,不适用本规定。

第二章

民间借贷案件的受理与管辖

01 索要借款不成要去诉讼，须给法院提供哪些材料?

民间借贷案件需要在起诉前准备一些基础的核心证据，否则会因材料不齐而不能立案。本节就来解答一下原告应该准备哪些证据材料。

根据《民间借贷司法解释》第 2 条第 1 款之规定，“出借人向人民法院提起民间借贷诉讼时，应当提供借据、收据、欠条等债权凭证以及其他能够证明借贷法律关系存在的证据”。因此，债权人需要通过出示《借款合同》(借条、欠条或收据)立案。但在少部分案例中债权人因各种情况无法出示《借款合同》的，应当向法院递交其要求的其他替代性材料，包括但不限于转账凭证、债务人身份信息等。

案件介绍

林某辉因资金周转需要，于 2017 年 1 月 31 日向林某惠借款 107,000 元。当日，林某辉出具一张《借条》交林某惠收执，《借条》载明向林某惠借到人民币 107,000 元，借款期间利息为每月 1500 元，按月支付，每月 15 日前支付当月利息，逾期未还利息，出借人有权立即主张借款人归还本金和支付利息，逾期未付本金,每日加付 100 元违约金;还款按照先抵偿利息或违约金,再抵本金的顺序来进行;出借人为催收借款本金、利息和违约金而产生的所有费用(包括但不限于诉讼费、邮寄费、律师费等)由借款人承担。

林某辉向林某惠借款后,仅支付 9000 元利息后未再支付。林某惠在向林某辉催讨借款无效后,向法院提起诉讼,请求:(1)判决林某辉立即返还林某惠借款 107,000 元并支付利息。(2)判决林某辉支付林某惠因本案起诉支付的律师费。

当事人围绕诉讼请求依法提供了证据,法院组织当事人进行了质证。对当事人无异议的证据,法院予以确认并记录在卷佐证;对有争议的证据和事实,法院认定如下:本案是林某辉向林某惠借款未还引发的民间借贷合同纠纷。《民间借贷司法解释》第 2 条第 1 款规定:"出借人向人民法院起诉时,应当提供借据、收据、欠条等债权凭证以及其他能够证明借贷法律关系存在的证据。"本案中,林某惠提供的林某辉出具的《借条》,记载有出借人、保证人身份信息、借款金额、出借时间等内容,可以认定林某辉与林某惠存在民间借贷合同关系,该合同是双方当事人的真实意思表示,且不违反法律法规禁止性规定,合法有效。

裁判结果

本案由于被告经公告传票传唤无正当理由拒不到庭参加诉讼,法院依法予以缺席判决:林某辉应于本判决生效之日起 10 日内向林某惠偿还借款 107,000 元;林某辉应自 2017 年 8 月 1 日起至还清借款之日止以每月 1500 元标准向林某惠计付利息,利息于偿还借款时一并计付;林某辉应向林某惠支付律师费。

律师点评

从上述案例中可以看出,原告即债权人林某惠提供的被告即债务人林某辉出具的《借条》在本案中发挥了重要作用,上面明确记载了出借人、保证人身份信息、借款金额、出借时间等内容,法院依据借条上面的记载,虽然在被告缺席的情况下,依然认定林某辉与林某惠存在真实、合法有效的民间借贷合同关系,并支持了债权人林某惠相应的本金、利息及维权费用。

在此需要特别说明的是,对民间借贷纠纷的立案而言,借款合同、借条、欠条等债权凭证虽然是基础核心证据，但不是唯一证据，甚至不是绝对必要证据。因为在实务当中，由于亲友借款、碍于面子等各种特殊情况下，借贷关系不一定会存在书面借条，只要能证明存在借款关系的，不局限于固定文本形式，均可作为证据材料。此外，债权人也可以提供能证明自己已经将借款交付给债务人的相应证明，常见如转账凭证、银行流水单等。

另外，针对部分借条没有写明债务人的身份证号码的问题，也是司法实践在立案环节中的多发问题。如起诉方拿出一张署名债务人为"张三"的借条，但全国可能有50万个张三，债权人或许知道债务人的住址、或许知道债务人的联系电话，但仅凭这样的信息是达不到法院立案标准的。此时法院将以无法确认被告为由，要求起诉人补充债务人的身份证明：个人如身份证、企业如营业执照等。因此，在立案起诉前，还应当知道债务人的准确身份信息。

法条链接

《最高人民法院关于审理民间借贷案件适用法律若干问题的规定》

第二条第一款　出借人向人民法院提起民间借贷诉讼时，应当提供借据、收据、欠条等债权凭证以及其他能够证明借贷法律关系存在的证据。

02 没有写明出借人的借条还能要回钱吗？

借条对于借贷关系成立的重要性不言而喻。那么，如果借条没有载明债权人，则必须提供其他证据证明债权人身份。

根据《民间借贷司法解释》第2条第2款之规定，"当事人持有的借据、收据、欠条等债权凭证没有载明债权人，持有债权凭证的当事人提起民间借贷诉讼的，人民法院应予受理。被告对原告的债权人资格提出有事实依据的抗辩，人民法院经审查认为原告不具有债权人资格的，裁定驳回起诉"。为了明确借贷主体，保护债权人合法权益，借贷双方应在借条等债权凭证中明确债权人身份，否则该借条（或其他类型债权凭证）虽也可以作为证据使用，但在证明力上存在瑕疵，法院将根据债务人的抗辩，查明借条背后存在的法律基础，依法审查原告是否为真正的债权人。

案件介绍

2018年青岛市某法院受理了原告张某诉崔某民间借贷纠纷一案,原告张某提交《借条》一份,内容为:“今借人民币贰佰伍拾万元整(小写2,500,000元),期限壹个月,转入××××号账户。借款人:崔某2014年4月17日。”因《借条》中并没有明确写明债权人是谁,原告张某出示了相关转账信息,证明2014年4月17日,张某通过银行账户向崔某欠条中指定的账户转账250万元。而被告崔某抗辩称该《借条》系受第三人栾某胁迫而出具,并申请法院调取公安卷宗。经法院调取的公安卷宗显示:2014年10月3日20时许,栾某胁迫崔某出具包括案涉《借条》在内的8张《借条》,总金额2700万元。2015年12月13日,在侦查人员的见证下,栾某、崔某就其相互之间的资金进行核对,崔某共欠栾某27,809,595.7元,其中,双方的对账单显示:“……2014年4月17日欠250万元,注:张某转崔某账户。”

栾某与崔某之间有多笔巨额资金往来。张某认可《借条》系栾某交付给他。张某与栾某系舅舅与外甥的关系。栾某原系银行工作人员,多次借其舅舅张某的银行卡使用。

法院经审理认为,案件争议的焦点为张某与崔某之间是否成立借贷关系。根据《民间借贷司法解释》第2条第2款的规定:“当事人持有的借据、收据、欠条等债权凭证没有载明债权人,持有债权凭证的当事人提起民间借贷诉讼的,人民法院应予受理。被告对原告的债权人资格提出有事实依据的抗辩,人民法院经审理认为原告不具有债权人资格的,裁定驳回起诉。”张某向法院提交的《借条》上没有载明债权人,根据法院依法调取的公安卷宗材料,可以认定涉案《借条》是栾某通过非法手段让崔某出具的。张某虽然提交了其账户向崔某账户转账的银行转账凭证,但崔某抗辩主张其并不欠张某任何款项,并申请法院调取了公安卷宗材料证明该抗辩主张。公安卷宗材料显示,该笔款项是崔某与栾某之间的债权债务,崔某对其抗辩主张提供了相应的证据证明。

裁判结果

本案最终法院认定张某提交的证据不足以证明其与崔某之间形成借贷关系，张某对案涉250万元款项不具有债权人资格，故法院依法驳回其起诉。

律师点评

本案系涉及未载明债权人的债权凭证的典型案例。对持有未载明债权人的债权凭证的债权人资格之审查认定，直接影响到债权是否成立以及债务是否归还等重要事实的认定。第一，由于民间借贷行为多发生在亲朋好友之间，具有简易性、随意性的特征，现实生活中确实存在不少债务人出具的债权凭证上不载明债权人的情形，因此基于日常经验规则，将持有未载明债权人的债权凭证的当事人推定为债权人，亦即推定其具有原告主体资格。第二，被告对原告的债权人资格有异议的，应当提出有事实依据的抗辩，此时，应由被告承担举证证明责任。若原告对被告的抗辩有异议，则继续由原告对被告的主张予以反驳，此时，举证责任由原告承担。第三，法院经审理认为原告不具有债权人资格的，应根据《最高人民法院关于适用〈中华人民共和国民事诉讼法〉的解释》第330条的规定，裁定驳回起诉。本案的裁判结果既维护了实质的公平正义，也为民间借贷中借款合同、借据等债权凭证的规范书写(尤其是出借人一栏)发挥了引导作用。规范书写债权凭证，既可规避贷款风险，又可维护良好的借贷秩序。

由此，律师建议：第一，为了明确借贷主体，保护债权人合法权益，债权人和债务人都应在借条等债权凭证中明确债权人。第二，如果在立案或审判阶段发现原告持有未载明债权人的债权凭证的，法院将根据被告的抗辩，查明借条背后存在的法律基础，依法审查原告是否系真正的债权人。

法条链接

《最高人民法院关于审理民间借贷案件适用法律若干问题的规定》

第二条第二款　当事人持有的借据、收据、欠条等债权凭证没有载明债权人，持有债权凭证的当事人提起民间借贷诉讼的，人民法院应予受理。被告对原告的债权人资格提出有事实依据的抗辩，人民法院经审理认为原告不具有债权人资格的，裁定驳回起诉。

03 借款人欠款未还,应到何处法院起诉?能否在出借人所在地起诉?

准备好了起诉的基本材料证据,那么民间借贷案件应该去哪个法院起诉呢?一定要去被告所在地吗?出借人所在地法院能否受理?下面就法院管辖问题进行解答。

首先,约定管辖优先,即借款合同或借条中有明确约定的,适用约定管辖,直接去约定的法院起诉。

其次,无约定或约定不明时,根据《民事诉讼法》第23条可以在"被告住所地"及"合同履行地"法院中二选一。其中,"合同履行地"为"接受货币一方"所在地,"接受货币"即接受借款人的还款之意,故在大多数情况下"接受货币一方"所在地为原告所在地。

案件介绍

案例一:苏州佳宏××有限公司(以下简称佳宏公司)因与被上诉人刘某、原审被告左某群民间借贷纠纷管辖权异议一案,不服苏州市姑苏区人民法院(2015)姑苏民四初字第01189-3号民事裁定,向法院提起上诉。

原审法院认为,根据法律规定,合同纠纷的当事人可以书面协议选择合同签订地等与争议有实际联系的地点的人民法院管辖。本案中,双方在借款合同中约定"管辖法院协商不成时由合同签订地人民法院管辖",合同签订地为苏州市姑苏区,属原审法院管辖范围。佳宏公司提出的管辖权异议理由不能成立,原审法院对本案有管辖权。据此,原审法院裁定:驳回佳宏公司对本案管辖权提出的异议。

上诉人佳宏公司不服原裁定,向法院提起上诉称:对法人提起民事诉讼首先应根据《民事诉讼法》第21条的规定由被告住所地的人民法院苏州市虎丘区人民法院管辖。其次,上诉人提供的三份借款合同均系格式条款合同,根据《最高人民法院关于适用〈中华人民共和国民事诉讼法〉的解释》第31条的规定,经营者使用格式条款与消费者订立管辖协议,未采取合理方式提请消费者注意,消费者主张管辖协议无效的,人民法院应予支持。因此,三份借款合同中的管辖协议条款应认定无效,要求将本案移送至苏州市虎丘区人民法院审理。

裁判结果

二审法院认为:对于当事人在书面合同中有约定管辖的,应根据《民事诉讼法》第 34 条的规定优先适用当事人选择的人民法院管辖。本案双方当事人在三份借款合同中均约定发生争议由合同签订地的人民法院管辖,因此,原审法院对于本案有管辖权。上诉人佳宏公司要求将本案移送至被告住所地法院审理,法院不予支持。至于上诉人主张管辖协议无效,本案双方系平等主体的民间借贷关系,不属于经营者和消费者的范畴,不能适用《最高人民法院关于适用〈中华人民共和国民事诉讼法〉的解释》有关对消费者的保护规定。因此,上诉人佳宏公司的该上诉理由也不能成立。

据此,二审法院裁定驳回上诉,维持原裁定。

案件介绍

案例二:上诉人刘某、李某因与被上诉人徐某民间借贷纠纷一案,不服连云港市连云区人民法院(2017)苏 0703 民初 737 民事裁定,向法院提出上诉。法院立案后依法组成合议庭审理了本案,现已审理终结。

刘某在一审期间以刘某、李某户籍地为江苏省灌南县,请求将本案移送灌南县人民法院审理。原审法院认为,本案系民间借贷纠纷,合同管辖约定不明或无约定的,可由合同履行地法院管辖,合同对履行地没有约定或约定不明,且争议标的为给付货币,接收货币一方所在地为合同履行地。本案原告住所地在连云区,故原审法院依法享有管辖权,为此,驳回管辖权异议。

三上诉人不服原审判决上诉称,一审法院认定事实错误,假设借贷关系成立,李某是借款人,是接收货币一方,李某生前住在灌南,本案由灌南县人民法院管辖更方便诉讼。本案上诉人均不是借贷关系的当事人,请求二审法院将本案移送至灌南县人民法院审理。

裁判结果

该案法院最终认定原告起诉要求被告履行偿还借款义务的诉讼,原告方应当为接受货币一方,原告住所地应为合同履行地。连云区人民法院对本案有管辖权。上诉人的上诉主张无事实依据,不予采纳。因此裁定驳回上诉,维持一审裁定。

律师点评

本节引用的均为中级人民法院公开二审的管辖权异议裁定的案例,具有一定的代表性。

首先,约定管辖优先。根据《民事诉讼法》(2021 年修正)第 35 条的规定,"合同或者其他财产权益纠纷的当事人可以书面协议选择被告住所地、合同履行地、合同签订地、原告住所地、标的物所在地等与争议有实际联系的地点的人民法院管辖,但不得违反本法对级别管辖和专属管辖的规定"。在民间借贷关系中,借贷双方可以在《借款合同》或《借条》中对管辖法院进行约定,正如案例一中,借款合同中明确约定约定:"执行本合同发生争议,由当事人双方协商解决。协商不成,各方同意由合同签订地(苏州市姑苏区)人民法院管辖。"因此,案例一经二级法院终审,应由双方在借款合同中约定的合同签订地人民法院管辖。当然,也可以直接约定为出借人或借款人住所地某市某区人民法院管辖。这样,起诉时直接去约定的法院即可。

其次,如果借款合同中没有约定管辖法院或者约定不明呢?根据《民事诉讼法》第 23 条的规定,"因合同纠纷提起的诉讼,由被告住所地或者合同履行地人民法院管辖"。因此,在没有约定管辖的情况下,原告可以选择被告住所地或者合同履行地的法院,二者任选其一起诉即可。

在民间借贷的法律关系中,"被告住所地"理解难度不大争议较小,但因借款合同是双务合同,标的物为货币。贷款方与借款方均应按照合同约定分别承担贷出款项与偿还贷款及利息的义务,贷款方与借款方所在地都是履行合同约定义务的地点。因此"合同履行地"在哪当事人双方容易发生争议。

根据《最高人民法院关于如何确定借款合同履行地问题的批复》及《民间借贷司法解释》第 3 条"借贷双方就合同履行地未约定或者约定不明确,事后未达成补充协议，按照合同有关条款或者交易习惯仍不能确定的，以接受货币一方所在地为合同履行地”，可以看出“合同履行地”为“接受货币一方所在地”。又根据《最高人民法院关于适用〈中华人民共和国民事诉讼法〉的解释》第18条的规定，争议标的为给付货币的，依据上述方式确定管辖。“争议标的”指的是当事人诉讼请求所指向的合同义务。故而，在民间借贷纠纷中，出借人要求借款人偿还借款，出借人系接受货币一方；但如果借款人要求出借人支付借款（诺成性合同），则此时借款人为接受货币一方。所以，“接受货币一方所在地”在大部分情况为债权人，即原告所在地。案例二正是体现了该种情形，案例中债务人错误地将“接受货币一方”理解为债务人所在地，最后被裁定驳回。

综上所述，原告的诉求如果是请求归还欠款的，则可以在自己所在地的法院直接起诉。

在某些特殊的情况下，借贷双方已经签订借款协议，但出借方迟迟未将借款交付给债务人，此时“接受货币一方”也可能是债务人，但如果债务人发起诉讼要求支付借款，依然是在原告（债务人）所在地管辖。

法条链接

《中华人民共和国民事诉讼法》

第三十五条　合同或者其他财产权益纠纷的当事人可以书面协议选择被告住所地、合同履行地、合同签订地、原告住所地、标的物所在地等与争议有实际联系的地点的人民法院管辖，但不得违反本法对级别管辖和专属管辖的规定。

《最高人民法院关于审理民间借贷案件适用法律若干问题的规定》

第三条　借贷双方就合同履行地未约定或者约定不明确，事后未达成补充协议，按照合同相关条款或者交易习惯仍不能确定的，以接受货币一方所在地为合同履行地。

《最高人民法院关于适用〈中华人民共和国民事诉讼法〉的解释》

第十八条　合同约定履行地点的，以约定的履行地点为合同履行地。

合同对履行地点没有约定或者约定不明确，争议标的为给付货币的，接收货币一方所在地为合同履行地；交付不动产的，不动产所在地为合同履行地；其他标的,履行义务一方所在地为合同履行地。即时结清的合同,交易行为地为合同履行地。

合同没有实际履行,当事人双方住所地都不在合同约定的履行地的,由被告住所地人民法院管辖。

第三章

民间借贷合同的效力

04 借款合同签了，什么时候生效？

借钱的时候，人们为了维护自己的合法利益，一般会要求债务人写张借条。随着法律意识的不断增强，人们在借贷过程中为了更好地保障双方的权益，会选择签订书面的借贷合同。那么，民间借贷合同什么时候生效呢？

首先，在讲解生效的时间点之前，必须学习两个概念，即“成立”和“生效”。合同的成立与合同生效既有联系又有区别，合同成立是合同生效的必要前提，合同生效是合同成立后当事人追求的目的。民间借贷合同作为合同的一种，其成立与生效同样如此。民间借贷合同的成立是指借贷双方就借款合同的具体内容达成一致意思表示，而其生效是指双方签订的借贷合同发生法律效力。

人们通常会听到“某某合同无效”这样的词，但其实任何签署的所谓合同即使因违法而无效，也不等于它不存在，此时其定性，我们称为合同“成立但无效”。民间借贷活动中，当事人通常签订书面形式的借贷合同来明确双方权利义务，民间借贷合同通常自双方签字盖章后即成立。此时该借贷合同的定性，我们称为“成立但未生效”。因此可知，合同自成立到生效可能存在一定的时间差，需满足一定条件后才是合同生效的时间点。

民间借贷合同(借条等)的生效时间需要根据借贷双方不同的主体身份,分情况讨论。

(一)自然人之间的借款合同——自出借人提供借款时生效

根据我国《民法典》的相关规定,自然人之间(借贷双方均系个人)的借款合同为诺成合同,自出借人提供借款时生效。借贷双方均为自然人时,双方就借贷事项达成一致后,合同成立但未生效。在出借人将合同钱款交付借款人后,该民间借贷合同才依法生效。《民间借贷司法解释》第9条详细列举了钱款交付的具体情形。这些情形可作为判断自然人之间的借贷合同生效的依据:

具有下列情形之一,可以视为具备自然人之间借款合同的生效要件:

1. 以现金支付的,自借款人收到借款时;

2. 以银行转账、网上电子汇款等形式支付的,自资金到达借款人账户时;

3. 以票据交付的,自借款人依法取得票据权利时;

4. 出借人将特定资金账户支配权授权给借款人的,自借款人取得对该账户实际支配权时;

5. 出借人以与借款人约定的其他方式提供借款并实际履行完成时。

根据上述法条,笔者举一个简单的例子,张三向同学李四借钱,双方签订一份借款合同,约定某月20日前李四借8万元给张三,结果李四在某月15日就微信转给了张三,此时,实际到账日即为合同生效日。

(二)其他主体间的民间借贷合同生效时间——成立时即生效

此处的"其他主体间"的民间借贷合同,不仅指法人之间,还包括个人与法人或其他组织之间签订的借贷协议。即借贷双方有任何一方不是自然人、不是个人的都属于该情况。

其他主体间的民间借贷合同属于诺成合同,即自借贷双方签字盖章时就可以成立并生效。依据为《民间借贷司法解释》第10条:"法人之间、非法人组织之间以及它们相互之间为生产、经营需要订立的民间借贷合同,除存在民法典第一百四十六条、第一百五十三条、第一百五十四条以及本规定第十三条规定的情形外,当事人主张民间借贷合同有效的,人民法院应予支持"。

除了上述两种情况,在民间借贷合同中,当事人出于特定目的可能会约定合同的生效要件。比如,附条件合同,只有该约定条件得以满足时,该类民间借贷合同才能依法生效。法律、行政法规对某些特定主体的民间借贷合同规定了特殊的成立要件的,当事人对此须严格遵守。比如,国有独资公司作为借款人的民间借贷合同依法需要国资委等部门审批通过,未经审批的民间借贷合同无效。

综上所述,借贷双方当事人均为自然人时,出借人向借款人交付借款资金时该借贷合同才能生效。其他类型的民间借贷合同一般为诺成性合同,自借贷双方签字盖章时就可以成立并生效。对于附条件及法律法规有特殊规定的民间借贷合同,出借人须关注所附条件是否成就及是否符合法律法规的特殊规定。

案件介绍

2014 年 4 月 29 日,刘某科与某建业公司签订借款合同一份,约定刘某科向某建业公司出借借款 1000 万元。同时约定朱某某为指定账户人。当日刘某科即向朱某某转款 1000 万元。某建业公司法定代表人石某云在该借款合同中注明,上述借款全部用于骆湘林项目垫资款。之后,某建业公司不承认双方借贷合同效力。刘某科遂向合肥市中级人民法院起诉,请求法院判令某建业公司偿还借款 1000 万元。

某建业公司称,案涉 1000 万元借款系汇入朱某某账户,而朱某某也非公司员工,与其无任何经济关系,且合同中约定该借款系用于骆湘林项目的垫资,但骆湘林项目及某建业公司账目中从未有过此 1000 万元,因此案涉借款事实并未实际发生。

法院认为,朱某某账户系双方借款合同所指定账户,且事实上案涉借款已进入合同双方约定的指定账户,因此借款行为已经实际发生,合同目的已达成,至于该账户所有人与借款人关系及款项到账后如何使用,与借款事实是否发生及合同是否有效并无关联性。至于某建业公司认为借款事实没有实际发生所依据的《民间借贷司法解释》第 9 条,仅适用于自然人之间的借款合同,与本案情形不符。故某建业公司的该项申请理由没有事实和法律依据,不能成立,法院不予支持。故法院对刘某科的诉讼主张予以支持,判决被告限期偿还原告本金及利息。

2015 年,某建业公司不服一审判决,向安徽省高级人民法院提起上诉。经审理,安徽省高级人民法院判决驳回上诉,维持原判。2016 年,某建业公司再次以其公司账目上未曾收到1000万元、借款合同中某建业公司的公章系伪造为由向最高人民法院申请再审。

裁判结果

最高人民法院认为,某建业公司主张借款事实没有实际发生无事实和法律依据从而不予支持,裁定驳回其再审申请。

律师点评

案例中的争议焦点就是原告、被告之间签署的借款合同的效力问题,被告抗辩因没有收到借款,故根据《民间借贷司法解释》第9条,双方借贷合同没有生效,不存在借贷关系。但上述规定仅适用于个人之间的借款合同,与本案例中借款主体(被告为企业)的情形不符,故法院不予支持被告的说法。因此,除了纯个人之间的借贷,合同签署成立之时即生效。

那么,自然人之间的借贷合同,自成立至出借人打款合同生效之间这个时间段,在司法实务中又有何意义呢?

笔者对上面的案例进行部分事实的改动:

假如在上述案例中和出借人刘某签字的债务人不是某建业公司,而是指定账户所属人朱某某,即刘某与朱某某以个人名义签订了一份借款合同,约定刘某向朱某某借款10万元。但是合同签订后转账之前,刘某突然反悔,不想借给朱某某了。此时,因为钱款尚未交付给朱某某,双方的借款合同成立但未生效。换言之,刘某可以反悔并且无须承担任何违约责任。当然,如果造成朱某某严重损失可以主张缔约过失,这是另外一个概念。

此外,需要说明的是,本节以借贷合同合法有效为前提,仅仅针对借贷合同生效时间点上的不同进行辨析。如果要考虑借贷合同是否有效,应综合考虑其他几点:

1. 行为人具有相应的民事行为能力,即当事人具有签订该借贷合同的民事行为能力。借贷双方具有相应的民事行为能力是民间借贷合同生效的重要前提。实践中,出借人应注意借款人的年龄及精神状态,避免因借款人系非完全民事行为能力人而致合同无效。在借款人委托他人借贷时,出借人还应审查代理人的具体代理权限，避免与无权代理人签订借贷合同。

2. 当事人意思表示真实，即借贷双方从事民间借贷活动必须出于自己内心的真实意思表示。借贷双方在签订合同时应不存在受到欺诈、胁迫等情形，否则该合同不生效或可被撤销。

3. 不违反法律规定或者社会公共利益。所有民事活动都必须遵循法律规定或社会公共利益，否则该行为依法无效。

上述这些效力方面的瑕疵问题，将在本章节其他部分进行展开讲解。

法条链接

《最高人民法院关于审理民间借贷案件适用法律若干问题的规定》

第九条　自然人之间的借款合同具有下列情形之一的，可以视为合同成立：

（一）以现金支付的，自借款人收到借款时；

（二）以银行转账、网上电子汇款等形式支付的，自资金到达借款人账户时；

（三）以票据交付的，自借款人依法取得票据权利时；

（四）出借人将特定资金账户支配权授权给借款人的，自借款人取得对该账户实际支配权时；

（五）出借人以与借款人约定的其他方式提供借款并实际履行完成时。

第十条　法人之间、非法人组织之间以及它们相互之间为生产、经营需要订立的民间借贷合同，除存在民法典第一百四十六条、第一百五十三条、第一百五十四条以及本规定第十三条规定的情形外，当事人主张民间借贷合同有效的，人民法院应予支持。

05 企业之间借款有效吗？

企业资金拆借是市场经济时代，企业短期融资的一种常见方式。然而，由于经营核准范围的法定性及从维护市场经济秩序方面考虑，企业资金拆借的效力存在争议，其效力到底如何？

这是个历史遗留问题。在2015年《民间借贷司法解释》施行之前，我国法律对法人之间、其他组织之间及其相互之间的借贷行为的合法性始终持否定态度。一般认为非金融企业之间不得拆借资金，相对应的借贷合同、预付款合同等一般被认定无效。

1986 年颁布实施的《银行管理暂行条例》(已失效)第 4 条明确规定，禁止非金融机构经营金融业务；并且从《中国人民银行关于企业间借贷问题给最高人民法院经济审判庭的答复》(银条法〔1998〕13 号)可知，借贷属于此处的金融业务，故非金融机构即企业之间不能互相借贷，其之间的借贷合同无效。1996 年中国人民银行颁布的《贷款通则》中也表达了同样的观点。其第 21 条规定："贷款人必须经中国人民银行批准经营贷款业务，持有中国人民银行颁发的《金融机构法人许可证》或《金融机构营业许可证》，并经工商行政管理部门核准登记"；第 61 条又进一步规定："各级行政部门和企事业单位、供销合作社等合作经济组织、农村合作基金和其他基金会，不得经营存贷款等金融业务。"在很长的时间内，人民法院在认定企业之间拆借效力的立场上，一直延续企业间借贷无效的做法：企业之间的资金拆借无效。

即便是在 1991 年颁布的最高人民法院印发《关于人民法院审理借贷案件的若干意见》的通知第 1 条规定："公民之间的借贷纠纷，公民与法人之间的借贷纠纷以及公民与其他组织之间借贷纠纷，应作为借贷案件受理。"由此，《民间借贷司法解释》出台以前，所谓的"民间借贷"只包括自然人与自然人之间、自然人与法人之间、自然人与其他组织之间的借贷，而并不包括法人之间、其他组织之间及其相互之间的借贷。

上述立法进程，有其特定的历史原因，在当时的条件下，我国为了保障经济发展和社会秩序的稳定，故而采取了禁止企业间借贷的做法。

直至 2015 年颁布的《民间借贷司法解释》，明确认定了企业间借贷的效力，将企业间资金拆借归入民间借贷加以保护。该条新规定逐渐改变了过去完全否定企业间借贷的现状，为企业间正常、临时的资金拆借提供了一定的合法依据。

当然，该司法解释也不是完全放任企业之间的借贷行为，该司法解释第 11 条对企业间借贷合同的效力进行了规定，"法人之间、其他组织之间以及它们相互之间为生产、经营需要订立的民间借贷合同，除存在合同法第五十二条、本规定第十四条规定的情形外，当事人主张民间借贷合同有效的，人民法院应予支持"。

本条的核心要素应是“为生产、经营需要订立”,即作为生产经营企业,若经常放贷或者以放贷为主要收入来源,则其借贷行为仍然无效。因为该企业的性质已经发生改变,其变换为从事专门放贷业务的机构,并且未经金融监管部门批准,故必须从效力上作出否定。

综上所述,企业借贷应当区别认定不同借贷行为的性质与效力,对不具备从事金融业务资质,但实际经营放贷业务、以放贷收益作为企业主要利润来源的,应当认定借款合同无效;对于为生产经营需要所进行的临时性资金拆借行为,如果提供资金的一方并非以资金融通为常业,则不属于违反国家金融管制的强制性规定的情形,不应当认定借款合同无效。

案件介绍

原告某房地产公司诉称,自2011年开始,被告滨矿公司陆续多次向原告借款,原告以自己银行账户或公司员工黄某某、卢某某的银行账户划付借款给被告,被告也曾归还过部分借款本金及利息,但未还清。被告滨矿公司的股东承认,借款确认书是经双方财务结算、其本人经手确认的,拖欠原告400万元本金及利息是事实,因双方法人代表是多年的朋友,多年来多次向原告借款,2011年双方有2000多万元的出入款,除该400万元外,此前的借款本金已全部结清。

法院认为,本案为民间借贷纠纷,属合同类纠纷。本案原告、被告均为房地产经营企业,原告多次向被告出借资金、双方经结算,被告确认尚欠原告借款本金400万元及确认按月息2分计息之意思表示,故原告、被告之间的借款,属于法人之间的拆借、融资的民间借贷合同性质。

本案的争议焦点是民间借贷合同效力问题。《民间借贷司法解释》第11条规定:“法人之间、其他组织之间以及它们相互之间为生产、经营需要订立的民间借贷合同,除存在合同法第五十二条、本规定第十四条规定的情形外,当事人主张民间借贷合同有效的,人民法院应予支持。”即对于企业间相互拆借资金,现行法律是采取有限制、有条件的认可,合法借贷的前提需确属为企业解决资金困难或生产急需偶然为之,而不能以此作为常态、常业。

本案中,原告作为房产地企业,并不具备从事金融业务资质,但原告自认多年来多次向被告出借款项,且数额巨大,从原告提交的农行业务结算书来看,单笔借款数额就曾达800多万元。被告负责人也表示,仅2011年,向原告借款总额就达2000多万元，并且2013年之前的全部借款都是按月息3分计算利息。对于26.4万元的利息，双方均不能合理说明其出处。从确认书来看，可以认定原告一直以来都向被告收取月息2分甚至2分以上的高额利息。被告只是一家注册资金100万元的自然人投资公司，如此巨额借款，难以印证本案借款确实用于被告生产、经营所需。原告对被告的资信、经营状况不予审查，反复、多次向被告出借巨额款项，以向被告放贷为常态，并向被告收取月息2分或2分以上高额利息，是变相从事放贷业务的行为，违反相关金融监管法规的强制性规定，客观上损害了银行利益及社会公共利益，对原告、被告之间拆借资金的民间借贷合同，应认定无效。对拖欠的借款本金400万元，被告应当返还。至于利息请求，由于借贷合同无效，双方对利息的约定也当然无效。但民间借贷是双务合同，借贷双方对此均有过错，借款人本不应当据此获得额外收益。但根据公平原则，借款人在返还借款本金的同时，应当返还资金占用期间的利息，参照《民间借贷司法解释》第29条关于借贷未约定借款利率“按年利率6%支付资金占用期间的利息”的规定，利息可按年利率6%计算。

裁判结果

法院最终判决：(1)确认原告与被告之间的民间借贷合同无效；(2)被告于本判决生效之日起7日内返还借款本金，并按年利率6%支付资金占用费。

律师点评

本案为典型企业拆借案件，争议焦点为该企业拆借合同效力问题。正如笔者在知识要点中指出的，企业间相互拆借资金，现行法律是采取有限制、有条件的认可，除了不能踩原《合同法》第52条关于无效(《民法典》中并无对应条款)及《民间借贷司法解释》第14条规定的红线情形外，应当以“生产经营需要”为借款目的，同时，对于合法借贷的前提需确属为企业解决资金困难或生产急需偶然为之，而不能以此作为常态、常业。

案例中原告作为房产地企业，并不具备从事金融业务资质，但原告自认多年来多次向被告出借款项，且数额巨大，从原告提交的农行业务结算书来看，单笔借款数额就曾达800多万元。原告对被告的资信、经营状况不予审查，反复、多次向被告出借巨额款项，以向被告放贷为常态，并向被告收取月息2分或2分以上高额利息，是变相从事放贷业务的行为，违反相关金融监管法规的强制性规定，客观上损害了银行利益及社会公共利益，故对原告、被告之间拆借资金的民间借贷合同依法认定无效。

综上所述，目前企业间借贷或拆借已经基本放开，并一定程度上具有合法性，但仍需要注意以下几点：

1. 企业之间必须是为了生产、经营所需订立借贷合同。（不得完全是为了投资、拆借而做出的借款行为）

2. 不得违反法律强制性规定，否则依据《民法典》第153条应系无效的民事法律行为。

3. 出借的资金应当为企业自有资金。

4. 出借行为应当为临时性，而绝非经常性。

5. 在认定企业是否从事经常性放贷业务时，可结合企业的注册资本、公司经营状况、流动资金、借贷数额、借贷收益占企业收入比例、出借人与借款人的关系等等因素来综合判断，否则，企业的资金拆借行为将被法院认定为无效，其出借行为也将面临相应的行政处罚。

法条链接

《最高人民法院关于审理民间借贷案件适用法律若干问题的规定》

第十一条　法人或者非法人组织在本单位内部通过借款形式向职工筹集资金，用于本单位生产、经营，且不存在民法典第一百四十四条、第一百四十六条、第一百五十三条、第一百五十四条以及本规定第十三条规定的情形，当事人主张民间借贷合同有效的，人民法院应予支持。

06 企业向自己员工借钱，是否合法？

企业在经营过程中，可能会遇到经济困难时期，此时单位想到向自己本单位职工借款，这在实务中都是常见的情形。同时，最近“非集”“非吸”类话题非常热门,那么企业向自己员工借钱,到底合法吗?

早在1999年,最高人民法院公布的《关于如何确认公民与企业之间借贷行为效力问题的批复》规定,企业通过向内部职工借款而订立的借款合同在司法实践中一直被认定为无效合同,主要是因为担心此举会扰乱正常的金融秩序,但是随着经济社会的发展,企业向本单位职工借款被认定为无效,这一规定明显与现在的经济社会发展不合时宜。

因此,在2015年,最高人民法院发布了《民间借贷司法解释》。企业向员工借款,定性不应"一刀切"。对企业向单位员工借款进行了有条件地认可其效力,根据该条文的内容,笔者总结出合法的员工借贷应当满足以下三点:

第一,借到的资金必须是为了单位生产经营。

单位和职工利益相关,单位内部借款较社会借款风险虽然更具可控性,但单位内部借款必须用于单位生产经营活动,这是借贷合法的重要前提,借款是取之于单位职工、用之于单位。如果不是这个目的和用途,则有非法集资的嫌疑,如企业向职工借款后用于牟取高利贷,故意编造项目借款非法占有职工资金等,像这种目的和用途不纯的都会被认定为无效。

第二,出借人必须严格限定在本单位内部。

该点是与非法吸收公众存款的根本区别,企业向员工集资借款应当限定于已经在企业就职的特定人群。而非法吸收公众存款针对的是社会上不特定的对象或者为非法吸收公众存款而将社会人员接纳为企业工作人员,继而向他们吸收资金的,这些均不属于单位内部借款。

第三,不存在《民法典》中规定的民事行为无效的几种情形及《民间借贷司法解释》第14条规定的情形。

这些规定分别是民事行为无效即合同无效的情形和《民间借贷司法解释》第13条民间借贷合同无效的情形。即单位内部借款所订立的合同也不能违反《民法典》及其他司法解释中关于订立合同和民事法律行为有效的相关规定。

为了更好地理解单位与内部职工订立借款合同的法律效力问题在司法实务中的具体适用,现在笔者给大家分享一个相关的实务案例以供参考。

案件介绍

原告梅某向法院起诉称,其自2012年7月27日至2014年12月31日在被告某科技发展有限公司工作，由于被告某科技发展有限公司资金紧张、经营困难，被告从 2013 年 10 月 20 日至 2014 年 10 月 20 日向原告借款共计人民币 56,920.29 元，约定月利率均为 3%，并有借据为证，但到期后被告均未能如期归还。

原告认为，原告因被告资金紧张、经营困难借款给被告，借贷关系合法有效，被告理应按照约定履行还款及支付利息义务，被告经原告催促拒不支付，显然违约。原告起诉至人民法院，请求判决被告某科技发展有限公司归还原告借款人民币 56,920.29 元及利息人民币 42,000 元，共计人民币 96,920.29 元。被告未到庭参加诉讼，亦未提交书面的答辩意见和证据。

法院经审理后认为，被告在本单位内部通过借款形式向职工筹集资金，用于本单位生产、经营，且不存在违反法律法规禁止性规定的情形，原告、被告之间的民间借贷关系合法有效。因被告未到庭应诉，也未提交书面异议和证据，视为其放弃举证、质证和抗辩的权利，法院对原告提交的证据予以采信。被告向原告借款人民币 56,920.29 元，到期后未归还，已构成违约，原告诉请被告支付本息，合法合理，法院予以支持。但双方约定利息以月利率 3% 计算，不符合法律的相关规定，法院仅支持以 2% 计算，超出部分不予支持。

裁判结果

法院最终判决：被告某科技发展有限公司于本判决生效之日起 5 日内向原告梅某返还借款人民币 56,920.29 元及利息。

律师点评

本案中某公司向员工筹集资金，目的是用于公司的生产经营，约定了借款时间、借款利率、借款期限，形成的关系是合法的民间借贷关系。因为该集资行为既未面向社会公众，亦未向社会公开宣传，不构成非法集资，属于名为集资实为借贷的性质。故法院判决借贷关系合法有效，公司应向员工返还本金及利息。

上述案件如果是在 2015 年最高人民法院发布《民间借贷司法解释》之前审理的，该案则会被认定为无效的借贷合同，但 2015 年的司法解释给予了单位向内部职工借款的限制性承认其法律效力的规定。如果借贷合同无效，则职工只能要求返还本金,另有利息损失赔偿,一般按基准贷款利率计算。但是,本案中按有效合同认定的,则返还本金是一样的,但双方约定的利息可以按年利率24%计算,所以此类借贷合同有效将有利于维护本单位职工的利益。

由此我们可知,企业可以向职工借款,并且也可以具有法律效力,但在实务操作过程中,企业老板、员工仍应特别注意下列事项:

1. 根据《最高人民法院关于审理非法集资刑事案件具体应用法律若干问题的解释》第1条的规定,未向社会公开宣传,在亲友或者单位内部针对特定对象吸收资金的,不属于非法吸收或者变相吸收公众存款。即除了员工之外,法律允许公司向员工的家属等特定人员筹集资金,但也要警惕是否踩到《最高人民法院、最高人民检察院、公安部关于办理非法集资刑事案件适用法律若干问题的意见》第3条[下列情形应当认定为向社会公众吸收资金:(1)在向亲友或者单位内部人员吸收资金的过程中,明知亲友或者单位内部人员向不特定对象吸收资金而予以放任的;(2)以吸收资金为目的,将社会人员吸收为单位内部人员,并向其吸收资金的]的红线,届时该等行为将存在向非法集资犯罪转化的风险。现实生活中,如果在此筹集资金的过程中,明知单位员工及员工亲友向不特定对象吸收资金而未予阻止,明知吸收资金的信息向社会公众扩散而予以放任,就有可能转化为非法集资犯罪,面临《刑法》的处罚。

2. 注意不能违背《民法典》中规定的民事行为无效的几种情形,包括但不限于第153条"违反法律、行政法规的强制性规定的民事法律行为无效";第154条"行为人与相对人恶意串通,损害他人合法权益的民事法律行为无效";第132条"民事主体不得滥用民事权利损害国家利益、社会公共利益或者他人合法权益";等等。

3. 注意不能违背《民间借贷司法解释》第13条规定:具有下列情形之一,人民法院应当认定民间借贷合同无效:(1)套取金融机构贷款转贷的;(2)以向其他营利法人借贷、向本单位职工集资,或者以向公众非法吸收存款等方式取得的资金转贷的;(3)未依法取得放贷资格的出借人,以营利为目的向社会不特定对象提供借款的;(4)出借人事先知道或者应当知道借款人借款用于违法犯罪活动仍然提供借款的;(5)违反法律、行政法规强制性规定的;(6)违背公序良俗的。

最后,律师提示:企业向员工借款应当遵循自愿原则,双方充分沟通,获得员工同意并书面签署借贷协议。如处置不当,则容易引发纠纷。司法实践中,部分企业会通过扣取部分工资的方式来实现向员工借款,违反了合同的自愿原则,不建议这样操作。

法条链接

《中华人民共和国民法典》

第一百三十二条　民事主体不得滥用民事权利损害国家利益、社会公共利益或者他人合法权益。

第一百五十三条　违反法律、行政法规的强制性规定的民事法律行为无效。但是,该强制性规定不导致该民事法律行为无效的除外。

违背公序良俗的民事法律行为无效。

第一百五十四条　行为人与相对人恶意串通,损害他人合法权益的民事法律行为无效。

《最高人民法院关于审理民间借贷案件适用法律若干问题的规定》

第五条　人民法院立案后,发现民间借贷行为本身涉嫌非法集资等犯罪的,应当裁定驳回起诉,并将涉嫌非法集资等犯罪的线索、材料移送公安或者检察机关。

公安或者检察机关不予立案,或者立案侦查后撤销案件,或者检察机关作出不起诉决定,或者经人民法院生效判决认定不构成非法集资等犯罪,当事人又以同一事实向人民法院提起诉讼的,人民法院应予受理。

第十二条　借款人或者出借人的借贷行为涉嫌犯罪,或者已经生效的裁判认定构成犯罪,当事人提起民事诉讼的,民间借贷合同并不当然无效。人民法院应当依据民法典第一百四十四条、第一百四十六条、第一百五十三条、第一百五十四条以及本规定第十三条之规定,认定民间借贷合同的效力。

担保人以借款人或者出借人的借贷行为涉嫌犯罪或者已经生效的裁判认定构成犯罪为由,主张不承担民事责任的,人民法院应当依据民间借贷合同与担保合同的效力、当事人的过错程度,依法确定担保人的民事责任。

第十三条　具有下列情形之一的,人民法院应当认定民间借贷合同无效:

(一)套取金融机构贷款转贷的;

（二）以向其他营利法人借贷、向本单位职工集资，或者以向公众非法吸收存款等方式取得的资金转贷的；

（三）未依法取得放贷资格的出借人，以营利为目的向社会不特定对象提供借款的；

（四）出借人事先知道或者应当知道借款人借款用于违法犯罪活动仍然提供借款的；

（五）违反法律、行政法规强制性规定的；

（六）违背公序良俗的。

《最高人民法院关于审理非法集资刑事案件具体应用法律若干问题的解释》

第一条　违反国家金融管理法律规定，向社会公众（包括单位和个人）吸收资金的行为，同时具备下列四个条件的，除刑法另有规定的以外，应当认定为刑法第一百七十六条规定的"非法吸收公众存款或者变相吸收公众存款"：

（一）未经有关部门依法批准或者借用合法经营的形式吸收资金；

（二）通过媒体、推介会、传单、手机短信等途径向社会公开宣传；

（三）承诺在一定期限内以货币、实物、股权等方式还本付息或者给付回报；

（四）向社会公众即社会不特定对象吸收资金。

未向社会公开宣传，在亲友或者单位内部针对特定对象吸收资金的，不属于非法吸收或者变相吸收公众存款。

《最高人民法院、最高人民检察院、公安部关于办理非法集资刑事案件适用法律若干问题的意见》

三、关于"社会公众"的认定问题

下列情形不属于《最高人民法院关于审理非法集资刑事案件具体应用法律若干问题的解释》第一条第二款规定的"针对特定对象吸收资金"的行为，应当认定为向社会公众吸收资金：

（一）在向亲友或者单位内部人员吸收资金的过程中，明知亲友或者单位内部人员向不特定对象吸收资金而予以放任的；

（二）以吸收资金为目的，将社会人员吸收为单位内部人员，并向其吸收资金的。

07 借贷行为涉嫌犯罪了，借贷关系怎么处理？

在我国，民事案件与刑事案件分别受理、审理且遵循“先刑后民”的基本原则。在民间借贷领域中，可能存在借贷行为涉嫌犯罪或已经刑事立案、公诉、刑事判决完毕的情况，此时，借款合同是否当然无效，借贷关系是否无法再通过民事诉讼来解决了呢？

根据《民间借贷司法解释》第12条第1款之规定，“借款人或者出借人的借贷行为涉嫌犯罪，或者已经生效的判决认定构成犯罪，当事人提起民事诉讼的，民间借贷合同并不当然无效。人民法院应当根据民法典第一百四十四条、第一百四十六条、第一百五十三条、第一百五十四条以及本规定第十三条之规定，认定民间借贷合同的效力”。

因此，借贷行为涉嫌犯罪或者已经被审理完毕，借贷合同不必然无效，借贷关系不必然无法通过民事追索。

我们看看以下案例因满足了何种条件，被法院认定借贷合同有效，并作出了相应的民事判决。

案件介绍

原告缪某某向法院诉称：被告冉某明和第三人张某英原系夫妻。2015年4月，第三人张某英因房地产开发建设需资金周转向原告缪某某借款24万元，张某英向缪某某借款并出具借条，借条载明：“今收到缪某某人民币（现金）贰拾肆万元整（240,000.00元）用于房屋开发建设，借款时间从2015年4月27日至2015年12月27日止，到期务必归还，不得有误。”之后张某英未偿还该笔借款。该借款数额已由（2016）渝0232刑初240号刑事判决最终确认。2016年4月20日，第三人与被告因无法偿还借款，向武隆区公安局投案自首。在刑事拘留期间，被告与原告达成和解协议，承诺处理家庭共同财产以偿还债务，但其后被告未履行偿还债务承诺。2016年8月9日，冉某明与张某英通过法院调解离婚，协议离婚时,未对夫妻共同财产、债权债务作出处理。第三人张某英亲笔书写借条并捺印,借条载明的借款用途是房屋开发和生意资金周转,足以证明借款用于被告开发房地产项目,并且第三人张某英委托他人数次向被告与第三人的婚生女冉某支付款项30余万元,冉某在法国留学期间的书学费和生活费均系第三人支付,足以证明第三人将借款用于夫妻共同生活。因此,第三人张某英向原告所借款项应为第三人与被告冉某明的夫妻共同债务,应由第三人与被告共同偿还。

因此,原告请求法院依法确认第三人张某英向原告的借款24万元[已由(2016)渝0232刑初240号刑事判决书判令张某英退赔]为第三人张某英与被告冉某明的共同债务并共同承担清偿责任;判令诉讼费由被告冉某明负担。

被告冉某明答辩称:(1)本案不属于民事案件的受案范围。根据法律规定,人民法院针对刑事案件所作出的生效判决已附带民事责任的退赔,其受害人不得另行提起民事诉讼,再提起民事诉讼的人民法院应不予受理。第三人张某英非法吸收公众存款罪一案已经刑事判决发生了法律效力,原告出借的款项被定性为违法所得,属于赃款赃物,刑事判决已经责令退赔,故法院以民事合同纠纷受理本案属于重复处理,于法无据。(2)第三人张某英在外举债,该款项未用于家庭生活,也未用于房地产开发和车行业务资金周转,而是全部用于炒股、炒期货、归还原告等债权人的资金利息等用途,而这些用途并非家庭投资理财,应属于网络赌博,被告完全不知情,故不应认定为夫妻共同债务。综上,应当驳回原告的诉讼请求。

第三人张某英述称,第三人向原告所借的款项确实未用于房地产开发,借条上所载明的借款用途是应原告的要求所写,在借款时原告是明知第三人不会将借款用于房地产开发的;第三人向女儿冉某支付的生活、学习费用实际是由被告冉某明支付的,因外汇需银行专业人员办理,故该款是由第三人转账给刘某帮忙向冉某支付;涉案借款不应当认定为被告与第三人的共同债务,在刑事案件中已经查清,这些借款都属于第三人的个人债务。

法院就被告辩称的已附带民事责任退赔的刑事案件进行调查:2016年12月6日,重庆市武隆县人民检察院指控张某英犯非法吸收公众存款罪并向法院提起公诉,法院经审理于2017年4月13日作出(2016)渝0232刑初240号刑事判决。该刑事判决载明:“2010年至2015年,张某英未经有关部门批准,为给自己炒期货、股票筹集资金,承诺2分到3分不等的月息,先后向曹某苹、贾某兴等人借款904.705万元,支付本息共计479.28万元。具体事实如下……16.2015年4月27日,向缪某某借款24万元。……法院认为,被告人张某英违反国家金融管理法规,以高额利息向不特定的社会公众吸收存款,扰乱金融秩序,数额巨大,其行为已构成非法吸收公众存款罪,依法应当予以惩处……”该刑事判决对张某英判处有期徒刑3年6个月,并处罚金15万元,同时认为张某英支付了部分本金和利息,其所支付的利息部分应当冲抵本金,故责令张某英退赔相应的款项,其中退赔缪某某的金额确为24万元。

还查明,冉某明系重庆银晋实业有限公司的股东并担任该公司的执行董事兼总经理,其持股比例为98.41%。2014年至2015年,重庆银晋实业有限公司数次向张某英、冉某明的个人银行账户转入多笔款项,而张某英也通过银行账户向冉某明及重庆银晋实业有限公司的银行账户转入多笔数额不等的款项。同时,张某英多次通过他人向在境外留学的女儿冉某汇款以支付其留学期间的学习、生活费用。

法院认为,本案争议的焦点:(1)本案是否应当作为民事案件受理;(2)(2016)渝0232刑初240号刑事判决确认的由张某英向缪某某退赔的款项24万元是否应当认定为夫妻共同债务由张某英与冉某明共同清偿。

1.本案是否应当作为民事案件受理。

冉某明辩称,本案缪某某出借给张某英的借款24万元在张某英犯非法吸收公众存款罪的刑事案件中已经作出处理,该笔资金被认定为违法所得已经责令由张某英予以退赔,故缪某某另行提起民事诉讼违反了法律规定,人民法院应当不予受理。根据审理查明的事实,张某英因犯非法吸收公众存款罪被提起公诉,法院作出的(2016)渝0232刑初240号刑事判决,判令张某英退赔缪某某24万元,之后,缪某某并未通过刑事退赔程序实现债权。虽然本案中缪某某系就该笔款项提起诉讼,但缪某某主张的是要求冉某明对该笔款项承担共同清偿的责任,即主张确认冉某明共同作为该笔款项的民事偿还主体。因此,缪某某提起的本案诉讼,并非将刑事判决确定的债务作为民事合同重复处理,未违反一事不再理的民事诉讼原则,符合民事案件的受理范围,故法院对冉某明的前述辩称理由不予采信。

2.(2016)渝0232刑初240号刑事判决确认的由张某英向缪某某退赔的款项24万元是否应当认定为夫妻共同债务由张某英与冉某明共同清偿,应作如下

分析:

第一,冉某明与张某英就案涉借款是否具有共同意思表示。从本案证据来看,张某英以个人名义向缪某某出具借条,冉某明并未在借条上签字,但2016年1月7日和2016年5月18日,冉某明两次与包括缪某某在内的多名债权人协商,愿意与张某英共同以家庭财产偿还张某英以个人名义所负的债务。根据《最高人民法院关于审理涉及夫妻债务纠纷案件适用法律有关问题的解释》(已失效)第1条的规定,夫妻双方共同签字或者夫妻一方事后追认等共同意思表示所负的债务,应当认定为夫妻共同债务。虽然两次达成还款协议后均未实际履行,但冉某明在两次协议中均对张某英向缪某某借款的24万元予以确认并在协议中自愿偿还的行为,应当视为其对张某英向缪某某所借款项的事后追认,故应认定其与张某英就案涉借款具有共同意思表示。

第二,案涉借款是否用于夫妻共同生活、共同生产经营。《最高人民法院关于审理涉及夫妻债务纠纷案件适用法律有关问题的解释》(已失效)第3条规定:"夫妻一方在婚姻关系存续期间以个人名义超出家庭日常生活需要所负的债务,债权人以属于夫妻共同债务为由主张权利的,人民法院不予支持,但债权人能够证明该债务用于夫妻共同生活、共同生产经营或者基于夫妻双方共同意思表示的除外。"冉某明辩称,张某英以个人名义所负债务,全部用于自己买卖股票和期货,未用于家庭共同生活及共同生产经营。但本案中缪某某举示的张某英银行账户交易记录及刘某、彭某黎的银行账户交易记录和境外汇款申请书,能够证实案涉借款发生的2014年至2015年,张某英多次委托他人向境外留学的女儿冉某汇款支付学习、生活费用,并且其个人银行账户与冉某明的个人银行账户及冉某明经营的重庆银晋实业有限公司账户存在大量的钱款往来记录,足以证明张某英在借款发生后不但承担家庭日常开支,并且与冉某明及冉某明经营的公司之间也存在收支混同的状态,故冉某明辩称张某英所借款项全部用于自己买卖股票和期货的理由并不成立。

第三,张某英用于买卖股票和期货的借款是否应认定为张某英的个人债务。审理查明,张某英在出具借条时载明其借款用途为房屋开发建设,而根据冉某明举示的张某英银行账户交易记录,结合刑事判决确认的事实,张某英将借款主要用于买卖股票和期货。法院认为,本案中冉某明并无证据证明其与张某英对婚姻关系存续期间所得的财产约定归各自所有,也无证据证明张某英向缪某某借款时明确约定为张某英的个人债务,即使张某英将所借款项主要用于买卖股票和期货,也应属于合法的理财投资行为,并非赌博、吸毒等违法犯罪行为。如前所述,张某英的个人银行账户除购买股票、期货的支出外,还与冉某明及冉某明经营的公司之间存在大量钱款往来,张某英与冉某明在财产上并非相互独立的。股票、期货作为合法的理财投资行为,具有较高的投资风险性,在不能排除张某英存在将投资收益用于夫妻共同生活可能性的情形下,对张某英因理财和经营行为产生的后果,亦不能认定由其个人承担。

综上所述,(2016)渝0232刑初240号刑事判决所确认的由张某英向缪某某退赔的款项24万元,应当认定为张某英与冉某明在婚姻关系存续期间的共同债务。

裁判结果

法院作出如下判决:确认第三人张某英按(2016)渝0232刑初240号刑事判决应向原告缪某某退赔的24万元为被告冉某明与第三人张某英的共同债务,并由被告冉某明承担共同偿还责任。

律师点评

由于"先刑后民""一事不再理"的审判原则,在很多民间借贷关系中,很多债权人其实认为借款人已构成犯罪或者从其他渠道得知自己与借款人之间的借贷系违法行为,但是由于怕借款人一经刑事判决自己的民事案子就不了了之了,内心十分纠结不知如何选择。其实,根据《民间借贷司法解释》第12条第1款之规定,认定民间借贷合同的效力。因此,借贷行为涉嫌犯罪或者已经过刑事判决了,借贷合同不必然无效,借贷关系不必然无法通过民事追索。

上面就是一个刑事判决并且附带民事退赔案件,后又经民事判决的案例。我们来分析一下这个案例为什么看起来可以"重复"审理。

首先,缪某某出借给张某英的借款24万元在张某英犯非法吸收公众存款罪的刑事案件中确实已经由(2016)渝0232刑初240号刑事判决作出处理,且刑事判决中附带民事赔偿,责令张某英退赔相应的款项,其中退赔缪某某的金额确为24万元。之后,当然缪某某并未通过刑事退赔程序实现债权。

在上述前提下，缪某某就该笔款项提起了民事诉讼，但缪某某主张的是要求张某英的前妻冉某明对该笔款项承担共同清偿的责任，即主张确认冉某明共同作为该笔款项的民事偿还主体。

因此，看似重复审理，但其实并未违反"一事不再理"的审判原则，因为债权人追讨的对象发生了变化，从一个债务人变成了两个。已经审理的刑事案件中，确认的是张某英的债务责任，而民事案件中，由于夫妻共同财产的认定，导致债务人变成了张某英及冉某明。因此，虽然是同一件事同一个借贷关系，但责任人不同，才是本案可以进行民事立案及审判的核心原因，未违反一事不再理的民事诉讼原则，符合民事案件的受理范围。

综上所述，我们可以得出以下结论：不得重复审理依然是审判原则。但是，如果借贷行为本身涉嫌违法或已经刑事判决，借贷关系不必然无效——如果发现有新的担保人或者共同债务人依然可以进行民事审理。当然，在此也要提醒债权人，是否构成夫妻共同债务也是个较难的问题，具体讲解请详见本书第八章。

法条链接

《最高人民法院关于审理民间借贷案件适用法律若干问题的规定》

第十二条　借款人或者出借人的借贷行为涉嫌犯罪，或者已经生效的裁判认定构成犯罪，当事人提起民事诉讼的，民间借贷合同并不当然无效。人民法院应当依据民法典第一百四十四条、第一百四十六条、第一百五十三条、第一百五十四条以及本规定第十三条之规定，认定民间借贷合同的效力。

担保人以借款人或者出借人的借贷行为涉嫌犯罪或者已经生效的裁判认定构成犯罪为由，主张不承担民事责任的，人民法院应当依据民间借贷合同与担保合同的效力、当事人的过错程度，依法确定担保人的民事责任。

第十三条　具有下列情形之一的，人民法院应当认定民间借贷合同无效：

（一）套取金融机构贷款转贷的；

（二）以向其他营利法人借贷、向本单位职工集资，或者以向公众非法吸收存款等方式取得的资金转贷的；

（三）未依法取得放贷资格的出借人，以营利为目的向社会不特定对象提供借款的；

(四)出借人事先知道或者应当知道借款人借款用于违法犯罪活动仍然提供借款的;

(五)违反法律、行政法规强制性规定的;

(六)违背公序良俗的。

08 什么是“高利贷”和“高利转贷”,是否一定无效?

提到高利贷,人们很容易将其与很多负面新闻联系到一起,认为高利贷是违法的,但事实上,“高利贷”是个口语化词汇,且自古就存在,具体什么才算是高利贷,人们往往没有准确的认知。本节将就高利贷的相关法律法规进行解析。

高利贷的利息标准是什么?利息超过多少会被认定为高利贷?在 2020 年 8 月 20 日之前,我国民间借贷的利率以年利率 24%(2 分利)和年利率 36%(3 分利)为线,将利率分为“两线三区”。具体规则:(1)司法保护区:年利率不超过 24%的区域。借贷双方约定的利率未超过年利率 24%,出借人有权要求借款人按照约定的利率支付利息。(2)自然债务区:年利率 24% ~36%的区域。在此区域内,借款人未支付利息的,则可以不用支付;但借款人支付利息后想要回来,是不可以的。简言之,利息没给的,则可以不给了;利息已经给的,要不回来了。(3)无效区:年利率超过 36%的区域。在此区域内,即便已经给付了,还是可以要回来的。

但是,在新冠肺炎疫情暴发对我国经济和世界经济产生巨大冲击的背景下,我国很多中小企业和个体工商户面临融资成本过大的情况。2020 年 8 月 20 日,最高人民法院在新闻发布会中宣布,经院审判委员会讨论后决定:以中国人民银行授权全国银行间同业拆借中心每月 20 日发布的一年期贷款市场报价利率(LPR)的 4 倍为标准确定民间借贷利率的司法保护上限,取代原《民间借贷司法解释》中“以 24%和 36%为基准的两线三区”的规定,大幅降低民间借贷利率的司法保护上限。

以 2020 年 7 月 20 日发布的一年期贷款市场报价利率 3.85%的 4 倍计算,民间借贷利率的司法保护上限仅为 15.4%,相较于过去的 24%和 36%有较大幅度的下降。

据此,《民间借贷司法解释》第 25 条明确规定:“出借人请求借款人按照合同约定利率支付利息的,人民法院应予支持,但是双方约定的利率超过合同成立时一年期贷款市场报价利率四倍的除外。前款所称‘一年期贷款市场报价利率’,是指中国人民银行授权全国银行间同业拆借中心自 2019 年 8 月 20 日起每月发布的一年期贷款市场报价利率。”

按照上述新规,我们可以理解为,按一年期贷款市场报价利率为 3.85% 计算,如果约定的利率超过 15.4%,就可以算我们平时理解的“高利贷”了。

高利贷不受法律保护,但是欠的钱就真的不用还吗?

当然不是!法律只是不支持偿还超过法定最高利息限制的利息部分,其借款本金以及符合法律规定的利息还是要偿还的。也就是说,高利贷不需要还的认知是错误的。

说到底,高利贷仅仅是约定利息过高的普通借贷合同,只要借贷合同是有效的,那么这个高利贷借贷合同也是有效的。但反过来说,如果某一高利贷借款合同满足了法律规定的借贷合同无效的情形,那么虽然借贷合同无效的理由不是高利,该高利借款合同也无效了,此时方可以不还。关于其他民间借贷无效的其他情况,本章节将在其他小节中进一步阐述。高利贷相关案例见案例一。

以上为高利贷的相关知识,在理解其基础上,还有一个与之关联的概念为“高利转贷”。

什么是高利转贷?高利转贷,是指以转贷牟利为目的,套取金融机构信贷资金高利转贷他人的行为。所谓金融机构,包括银行和非银行金融机构。其中银行主要指工商银行、农业银行、建设银行、中国银行四大国有独资商业银行;也包括若干投资主体合资设立的股份制银行,如交通银行、投资银行、光大银行、发展银行、民生银行等;此外还包括属集体经济性质的城市合作制银行等。银行以外的金融机构主要指依法享有贷款经营权的非银行金融单位,如信托投资部门,保险机构,金融租赁公司,城市、农村信用合作社等。

《民间借贷司法解释》第 13 条规定:“具有下列情形之一,人民法院应当认定民间借贷合同无效:(一)套取金融机构贷款转贷的;……”

由此我们可知债权人套取金融机构信贷资金又高利转贷给债务人,且债务人事先知道或者应当知道的,人民法院应当认定民间借贷合同无效。那么,高利转贷的案件借款合同都无效了,司法实务中如何处理此类案件呢?笔者通过本节案例二及点评详细讲解。

案件介绍

案例一:2016年6月22日,李某勋在丹凤县承包工程急需资金,当日李某勋、李某锋共同来到杨某某家中协商借款事宜,最后决定由李某勋向原告借款20万元,承诺借款期限为4个月,月息按4%计算,到期一次性偿还本息,并由被告李某勋向原告出具借条,载明:今借到杨某某人民币贰拾万元(200,000元),借款日起2016年6月22日,还款日2016年10月22日前本息一次还清。该借条落款处签字为"借款人李某勋、李某锋",均为被告李某勋书写。三人一同前往安康市汉滨区农村信用合作联社劳动信用社,扣除一个月的利息8000元后,按照被告李某勋的要求,杨某某将19.2万元打入被告李某锋的账户。后李某勋于2016年7月向杨某某支付了一个月的利息8000元。同年9月22日,李某勋向杨某某出具了欠条,载明:今欠到杨某某利息2个月壹万陆千元(16,000元),欠款人李某勋。

借款到期后,杨某某多次催要,李某勋一直推诿说没有钱还。故杨某某诉至法院请求判令二被告李某勋、李某锋共同偿还借款本金20万元并承担从2016年7月22日至清偿之日按月利率4%计算的利息。原告杨某某为支持其诉讼请求,向法院提交如下证据:(1)借条一张、欠条一张。用以证明二被告向自己借款的事实。(2)转账汇款回单。用以证明原告向被告李某锋的账户汇款19.2万元。(3)证人杨某荣的证言。用以证明二被告一同到原告家借款的事实。

被告李某勋答辩称:(1)2016年6月,陕西省中城伟业置业发展有限公司在丹凤县有一工程对外发包,陈某邀我合伙承包,我出资30万元,我当时拿不出钱,只好向原告借款20万元,原告实际向我借款19.2万元,并将19.2万元打入我儿子李某锋的账户,月息为4%。(2)根据法律相关规定,有息借贷中,利率可适当高于银行同类利率,但不得过高,本案原告要求的利息过高,过高部分希望法院不予支持。(3)原告实际借款19.2万元,借款本金不是20万元,应为19.2万元。(4)原告将19.2万元打入李某锋的账户后,李某锋于2016年6月27日向陈某的银行卡打款24万元。但工程项目杳无音讯,我认为上当了,找陈某索要保证金,他以各种借口推托不予退还。(5)今后我会想方设法去挣钱,向原告还钱。被告李某勋向法院提交证据如下:转账凭证、收款收据各一张,用以证明该笔借款用于投资。

被告李某锋书面答辩称,原告因民间借贷纠纷一案将我列为被告是没有道理的。因为本案借款人为我的父亲李某勋,而不是我李某锋,我既没有在借据上签字,也没有担保,不存在承揽任何工程。我与本案没有任何关系。被告李某锋未向法院提交任何证据。

法院认为,被告李某勋向原告借款,属民间借贷,没有违背法律禁止性规定,是一种合法的借贷关系,应当受法律保护。原告已按约定向被告李某勋支付借款,被告李某勋应当按照诚实信用原则履行还款义务。现该借款的还款期限已到,被告李某勋仍未履行全部的还款义务。对原告要求被告李某勋偿还其借款本金20万元的诉讼请求,因原告于借款当日即2016年6月22日实际向被告李某勋支付款项为19.2万元,后被告李某勋于2016年7月22日向原告偿还8000元,因双方约定的利息过高,被告请求法院对双方约定利息过高的部分不予支持,依照最高人民法院《民间借贷司法解释》第26条之规定,故该8000元应当为偿还利息6000元、本金2000元,故法院确认被告李某勋应当向原告偿还借款本金为19万元。

对原告要求被告李某勋偿还借款本金并承担以借款本金为基数从2016年7月22日至清偿之日按月利率4%计算利息的诉讼请求,因被告李某勋抗辩双方约定的利息过高,请求法院对双方约定的利息过高部分不予支持,且法律有明确规定,对原告的该诉讼请求,法院依法确认为被告李某勋应承担以借款本金19万元为基数,自2016年7月22日至清偿之日按年利率24%承担利息。对原告要求被告李某锋与被告李某勋共同清偿本息的诉讼请求,因原告未提供任何证据加以证明,故法院对原告的该项诉讼请求,法院不予支持。对被告李某锋辩解其不是借款人也不是担保人,与本案无关的辩解意见,因被告李某锋确未向原告出具借条或书面承诺其为该笔债务的保证人,故法院对其辩解意见予以采纳。

裁判结果

最终本案判决如下:被告李某勋向原告杨某某偿还借款本金19万元,并承担自2016年7月22日至清偿之日按年利率24%计算的利息,限本判决生效后5日内履行完毕。

案件介绍

案例二:原告许某昌与被告张某利为同镇乡亲且为多年朋友,被告孙某、张某利系夫妻关系。2013年11月22日被告向原告哥哥许甲借款1,000,000元用于临时周转,周转一个星期,一周利息为50,000元。该款原告哥哥许甲以转账的方式支付至被告张某利银行账户,该1,000,000元系原告哥哥许甲从案外人张某强处所借。当时被告张某利说一个星期后就会拿2,000,000元的承兑汇票到案外人张某强处进行承兑以偿还该借款,但一个星期后被告张某利并没有还钱,还让原告和原告哥哥许甲,原告的两个弟弟许乙、许丙到江苏泗洪农村商业银行界集支行拿各自的房子办理抵押贷款,用来偿还原告哥哥许甲所借案外人张某强的1,000,000元借款。当时为了尽快将原告哥哥许甲欠案外人张某强的钱给还上,2013年12月5日原告就以房子抵押在江苏泗洪农村商业银行界集支行贷款了230,000元,借款期限自2013年12月9日至2014年12月4日,银行于2013年12月9日将230,000元借款交付与原告;另外,原告哥哥许甲贷款230,000元,原告弟弟许乙贷款230,000元,原告弟弟许丙贷款200,000元,原告兄弟四人合计贷款890,000元。2013年12月初贷款贷出后原告兄弟四人用上述贷款偿还了原告哥哥许甲所欠案外人张某强的借款。2014年2月3日被告张某利给原告补打借条一张,约定银行贷款230,000元系被告张某利所使用,贷款利息由被告张某利偿还,并约定1年利息为50,000元,借期1年。第一年所做贷款的贷款利息全部是被告孙某偿还的,但贷款到期后,贷款本金未还。这时由被告孙某出面要求原告兄弟四人继续以各自房子抵押向江苏泗洪农村商业银行界集支行贷款即借新还旧,但是原告要求被告张某利、孙某提供保证人担保,于是被告孙某、张某利找来了保证人即被告张某保提供担保。2014年12月5日被告孙某与原告签订借款协议一份,约定由原告继续以房子抵押向江苏泗洪农村商业银行界集支行贷款,被告张某利、孙某所欠原告借款延期1年,延期至2015年12月5日,银行贷款本息由被告张某利、孙某偿还,若利息不及时偿还由担保人张某保负责偿还,被告张某利、孙某、张某保负责银行贷款本金及利息至2015年12月5日到期为止。被告张某利、孙某如果提前或按时还清原告在银行的贷款本金及利息,被告张某利原出具给原告的借条自动作废。被告张某保在借款协议上签字担保。第二年的贷款本金还是230,000元,借款期限自2014年

12月11日至2015年12月9日，银行于2014年12月11日将230,000元借款交付与原告。第二年的贷款本金及利息被告张某利、孙某没有还款。被告张某利、孙某系夫妻关系，被告孙某与原告签订借款协议，即可证实被告孙某对本案诉争借款知情且认可，依据相关法律规定，本案讼争借款为被告张某利、孙某的夫妻共同债务。被告张某保自愿对贷款本金及2015年12月5日到期贷款利息予以担保，依据相关法律规定，被告张某保应对本案讼争借款本金230,000元承担连带担保赔偿责任。

故原告请求：(1)被告张某利返还借款230,000元及约定利息50,000元，合计280,000元以及逾期利息；(2)判令被告孙某对上述债务承担连带赔偿责任；(3)判令被告张某保对借款本金230,000元承担连带担保赔偿责任；(4)判令三被告承担本案诉讼费用。

法院经审理查明：原告向孙某出借钱款的过程与原告陈述基本一致。另查明：为借钱给孙某，2013年12月5日原告许某昌与江苏泗洪农村商业银行界集支行签订的最高额个人担保借款合同中约定的贷款利率为年利率9.6%，贷款用途为商业批发；2014年12月原告许某昌与江苏泗洪农村商业银行界集支行签订的最高额个人担保借款合同中约定的贷款利率为年利率9.632%，未按约定期限偿还借款本金的，对逾期借款从逾期之日起在借款执行利率基础上上浮50%计收罚息。

而本案诉争借款，以230,000元为本金按照年息50,000元进行计算，其年利率为21.74%，按照年息72,080(230,000元×9.6%+50,000元)元计算，其年利率为31.34%，按照年息72,153.6(230,000元×9.632%+50,000元)元计算，其年利率为31.37%。原告与被告张某利约定银行贷款利息由被告张某利偿还，并约定借款年息50,000元，原告与被告张某利约定的借款利率明显高于银行贷款利率，故原告的行为亦属高利转贷之行为。根据《民间借贷司法解释》(2015版)第14条第1项的规定，套取金融机构信贷资金又高利转贷给借款人，且借款人事先知道或者应当知道的，人民法院应当认定民间借贷合同无效。因此，法院认定原告与被告张某利、孙某之间的借款合同无效。

担保合同是主合同的从合同，主合同无效，担保合同无效。本案中，因原告许某昌与被告张某利、孙某之间的借款合同无效，作为该借款合同从合同的原告许某昌与被告张某保之间的保证合同亦无效。

主合同无效而导致担保合同无效,担保人有过错的,担保人承担民事责任的部分,不应超过债务人不能清偿部分的1/3。本案中,被告张某保明知原告许某昌与被告张某利、孙某之间的借款合同因违反相关法律规定系无效合同,仍为本案诉争借款提供担保,被告张某保对于其与原告许某昌之间保证合同的无效存有过错,故被告张某保应承担相应的民事责任。原告许某昌和被告张某利、孙某皆明知借款合同违反相关法律规定系无效合同,仍介绍和接受被告张某保的担保,原告许某昌和被告张某利、孙某对于保证合同的无效亦存有过错,综合考量原告许某昌和被告张某利、孙某、张某保的过错情况,对于保证合同的无效三方过错相当,另鉴于原告许某昌仅主张由被告张某保对本案诉争借款的本金230,000元承担连带赔偿责任,故法院酌定被告张某保对被告张某利、孙某不能清偿部分的1/3在230,000元范围内向原告许某昌承担赔偿责任。担保人因无效担保合同向债权人承担赔偿责任后,可以向债务人追偿。本案中被告张某保承担赔偿责任后有权向被告张某利、孙某追偿。

借款合同无效,因该合同取得的财产,应当予以返还,有过错的一方应当赔偿对方因此所受到的损失,双方都有过错的,应当各自承担相应的责任。综合考量原告与被告张某利、孙某的过错情况,法院酌定以第二年银行贷款执行利率即年利率9.632%计算的原告贷款利息损失由被告张某利、孙某赔偿原告,贷款逾期银行加收的罚息损失由原告自行负担。

裁判结果

(1)被告张某利、孙某于本判决生效之日起10日内返还原告许某昌借款本金230,000元并赔偿原告许某昌的利息损失(自2014年12月11日起至贷款清偿完毕之日止江苏泗洪农村商业银行界集支行按照年利率9.632%就230,000元贷款向原告许某昌实际收取的贷款利息);(2)被告张某保对被告张某利、孙某不能清偿部分的1/3在230,000元范围内向原告许某昌承担赔偿责任,被告张某保承担赔偿责任后有权向被告张某利、孙某追偿。

律师点评

案例一系某高利贷案例,杨某某借给李某勋钱用于生意投资,虽然约定利率高达年利率48%(每月利率4%),双方属正常、合法的民间借贷关系,没有违反法律禁止性规定,是一种合法的借贷关系,应当受法律保护。但因双方约定的利息过高,依照当时的最高人民法院《民间借贷司法解释》第26条之规定,"借贷双方约定的利率未超过年利率24%,出借人请求借款人按照约定的利率支付利息的,人民法院予以支持。借贷双方约定的利率超过年利率36%,超过部分的利息约定无效。借款人请求出借人返还已支付的超过年利率36%部分的利息的,人民法院予以支持"(已于2020年8月修改:大幅降低为"合同成立时一年期贷款市场报价利率四倍"),被告李某勋抗辩称双方约定的利息过高,因此,法院对双方约定的利息过高部分不予支持并作出依法调整,最后法庭判决债务人李某勋应偿还全部本金,并按照24%(司法保护区上限)支付利息。

关于高利贷利息方面的案例非常多且多适用旧规则,笔者书写本书时正逢尚未产生新的案例规律。就简单在本案例中做出一些修改,便于读者全面理解日后新规:

假如李某勋在2020年8月25日向杨某某借钱,如果协议没有进行利息约定,那么无权收取利息;如果约定每月利率2%即年利率24%,而此时一年期贷款市场报价利率(每月20日公布调整)4倍为15.4%,那么如果李某勋不想支付超过15.4%的部分,法院是支持的。

案例二为典型的高利转贷案例。在实务中,不是所有的债权人的钱都是自有资产。有些债权人为了放高利贷赚取差价,通过刷大额信用卡或者巧立名目从各类金融机构贷款,然后再借给债务人。

为保障金融秩序,避免这种赚取差价的高利转贷,《民间借贷司法解释》第13条对此进行了规定:"具有下列情形之一,人民法院应当认定民间借贷合同无效:(一)套取金融机构信贷资金又高利转贷给借款人,且借款人事先知道或者应当知道的;……"因此,民间借贷中,出借人套取金融机构信贷资金高利转贷给借款人,且借款人事先知道的,民间借贷合同无效。

案例二中,原告明知自己的贷款用途并非商业批发,却以商业批发为名从银行贷款,原告的行为显属套取金融机构信贷资金之行为。原告套取的银行贷款虽交付与案外人张某强,但系经被告张某利所同意,且被告张某利亦认可该贷款系为其所使用。另原告与被告张某利约定银行贷款利息由被告张某利偿还,并约定借款年息5万元,原告与被告张某利约定的借款利率明显过高,故原告的行为亦属高利转贷之行为。本案诉争借条及借款协议所载内容亦可证实被告张某利、孙某对本案诉争借款来源为银行贷款事先乃系明知。综上分析,法院认定原告与被告张某利、孙某之间的借款合同无效。

借款合同无效了,那么孙某是否可以不还钱了呢?为什么法院还是判决偿还了本金和部分利息?

因为借款合同虽然无效,但因该合同取得的财产,应当予以返还,有过错的一方应当赔偿对方因此所受到的损失,双方都有过错的,应当各自承担相应的责任。案例二中,原告许某昌与被告张某利、孙某间的借款合同虽然认定为无效,被告张某利、孙某仍然应将本案诉争借款本金230,000元返还给原告许某昌。本案中原告之所以向银行贷款,起因于被告张某利、孙某未能及时偿还原告哥哥许甲的借款,且被告张某利、孙某亦积极促成原告套取银行贷款,贷款到期后被告张某利、孙某亦未能偿还原告借款,显然被告张某利、孙某对于本案诉争借款合同的无效过错更大。本案所涉银行贷款利息应属原告之损失,从本案查明事实来看,原告银行贷款利息损失乃被告张某利、孙某所能合理预见之损失,亦是原告所无力减损之损失。因此,综合考量原告与被告的过错情况,法院酌定参考银行贷款执行利率让被告承担一些,作为赔偿原告的利息损失,至于贷款逾期银行加收的罚息损失则由原告自行负担。

因此,高利转贷的借贷合同无效,但仍应当赔偿本金并根据被告的过错程度赔偿原告的利息损失,并非无须还款。但若借款人并不知道或不应当知道资金来源,则应认定借款合同有效。

在不断规范化的金融环境下,高利转贷也有其理论发展和操作细化。《全国法院民商事审判工作会议纪要》也对高利转贷进行了如下细化审查规则,至于是否进一步影响立法,尚不得而知。但依照《全国法院民商事审判工作会议纪要》的重要性,相信下述法规应当是极大体现了一定的立法倾向,故引入原文作为拓展:

"人民法院在适用该条规定时,应当注意把握以下几点:一是要审查出借人的资金来源。借款人能够举证证明在签订借款合同时出借人尚欠银行贷款未还的,一般可以推定为出借人套取信贷资金,但出借人能够举反证予以推翻的除外。二是从宽认定'高利'转贷行为的标准,只要出借人通过转贷行为牟利的,就可以认定为是'高利'转贷行为。可见此处的'高利'和高利贷的认定标准要更宽,即只要转贷利率超过了贷款利率,就可以认定为‘高利’转贷。三是对该条规定的‘借款人事先知道或者应当知道的’要件,不宜把握过苛。实践中,只要出借人在签订借款合同时存在尚欠银行贷款未还事实的,一般可以认为满足了该条规定的‘借款人事先知道或者应当知道’这一要件。”

法条链接

《最高人民法院关于审理民间借贷案件适用法律若干问题的规定》

第十三条　具有下列情形之一的,人民法院应当认定民间借贷合同无效:

(一)套取金融机构贷款转贷的;

(二)以向其他营利法人借贷、向本单位职工集资,或者以向公众非法吸收存款等方式取得的资金转贷的;

(三)未依法取得放贷资格的出借人,以营利为目的向社会不特定对象提供借款的;

(四)出借人事先知道或者应当知道借款人借款用于违法犯罪活动仍然提供借款的;

(五)违反法律、行政法规强制性规定的;

(六)违背公序良俗的。

09 赌债要还吗?

赌博在我国是属于违法犯罪的行为。提起“赌博”,大多数人都唯恐避之不及,但总有人想着一夜暴富,甚至深陷泥潭也收不住手。有人还振振有词,反正赌博是违法的,赌债也不受法律保护,那岂不是赢钱美滋滋,输钱打官司赖账就好了?

究竟,赌博欠下的赌债要不要还呢?在法律上有什么规定呢?

“赌博”这个概念很大,要从法律的角度分析赌博产生的债权债务关系是否受法律保护,我们需要对赌博这个概念进行界定,为了方便起见,我们这里把赌博定义成为一种双方基于平等、自愿的原则而进行的,排除其他如一方采取欺诈、胁迫的方式获取对方钱财的情况;至于民间俗称的“打麻将”(当然是带钱玩的那种)算不算赌博,到多大数额才算赌博,这个问题很难界定,在此不予赘述。

赌博行为是我国治安处罚法明令禁止的违法行为,但在生活中,赌博的现象仍然存在;如有违反,轻则会受到公安部门的罚款或治安拘留,重则会被刑事拘留。因此,赌博行为属于非法债务,不受法律的保护。

很多人认为,所有与赌博相关的债务均属于“赌债”,债务人无须承担还款责任,这实际上是对民事行为无效与仅仅合同无效两个概念的混淆。“赌债”也要分情况:

第一种情形,根据《民法典》第 153 条“违反法律、行政法规的强制性规定的民事法律行为无效”及第 155 条“无效的或者被撤销的民事法律行为自始没有法律约束力”的规定,对于因赌博输钱而向赢家出具的借条,或在互借互赌过程中向其他参赌人员出具的借条,应当认定为无法律约束力的赌债,欠款方无须支付债务。

第二种情形,对于虽明知借款用于赌博但实际交付了借款的,或明知借款用于偿还赌债仍然出借款项的,应当适用《民间借贷司法解释》第 13 条第 4 款“具有下列情形之一,人民法院应当认定民间借贷合同无效:……(四)出借人事先知道或者应当知道借款人借款用于违法犯罪活动仍然提供借款的”的规定,参照借贷合同无效处理(但未扩大至民事法律行为无效),即欠款方至少应当返还本金,并可能视过错程度支持支付一部分合法利息。如果一味按照不予返还处理,则势必造成出借方权益受损、赌博方无故受益的权利义务失衡的局面。

在理解以上两类基本情况之后,再看第三类情况,因为现实生活中情况远比理论更复杂。

根据笔者的司法经验,现在有部分职业放债人非常的“专业”,他们知道债务人借钱是去赌博的,但没有任何放债人会让借款人在签字画押的借据上明目张胆地写:×××因赌博欠我×××元,或今借款×××元用于赌博。大多都会写×××因资金周转不灵、生意原因之类的原因欠我×××元。

为什么要这么写呢?因为无充分证据证明系赌债的,法院一般认定为合法债权,而且这是第三种,也是最为常见的情况。现实中很多债权实际上是赌债,但以合法形式确定下来了,借贷双方之间的《借款合同》《收款收据》及其往来短信等,更没有任何证据证明是赌债,单靠债务人一张嘴说肯定是不行的(不然正常的债务人也可以乱说是赌债来逃避债务了)，因此，该类情况一般可以获得法律支持。如果债务人主张案涉欠款系赌债，那么就必须提供相应的证据予以证明，否则法官无法判断抗辩的真实性。如果想要拓展阅读该类案件的案例，可以参考最高人民法院(2015)民申字第3272号再审判决。

案件介绍

李某长期沉迷赌博，没有固定职业，并在赌场上结识了王某。原告王某于2016年借给被告50,000元作为赌资，被告按照每日1000元支付利息。2016年4月30日，双方经结算，上述50,000元借款及利息共计90,000元。被告称因已输掉50,000元借款，且利息太高，故无力还款。原告表示可另出借100,000元给被告翻本。被告遂向原告出具借款金额为190,000元的借条一张，双方约定原告于次日将100,000元借款交付被告。但原告次日又表示暂无法将钱借给被告，被告遂向其索要借条，原告表示不会向被告多要这份钱，被告也即未再要求收回借条。

之后，因李某未能及时还款，致王某将其告上法庭，向法院提出诉讼请求：被告返还原告借款190,000元及利息(自起诉之日起至还清款之日止，按年利率24%计算)。

法院经审理认为，借款合同属于实践合同，在举证责任的分配上，原告王某除需提供借条以证明双方存在借款合意外，还需就款项的交付情况向法院举证证明。原告王某主张借款分三次交付，但其对三次借款的金额、时间及利息的陈述差幅较大，互相矛盾，故不能认定原告王某已实际交付借款。被告李某自认收到50,000元借款，法院予以确认。

本案中，李某提供的照片能够证明其本人参与赌博赌资较大，属于违反《治安管理处罚法》第70条规定的妨害社会管理的违法行为。《民间借贷司法解释》第14条规定："具有下列情形之一，人民法院应当认定民间借贷合同无效：……(三)出借人事先知道或者应当知道借款人借款用于违法犯罪活动仍然提供借款的；……"原告王某明知被告李某借款用于赌博仍然提供借款，双方之间的借款合同应当认定无效。那么根据原《合同法》第58条(《民法典》第157条)的规定，本案50,000元借款本金属于被告李某因无效合同取得的财产，其应当予以返还。同时，原告王某因出借款项而造成的损失，依据对双方过错程度的判定，确定被告李某以按年利率6%支付资金占用期间的利息为宜，不应再以日息1000元确定年利率24%的计息标准。

裁判结果

最终法院依法作出判决：被告李某返还原告王某借款50,000元，并以年利率6%支付资金占用期间的利息。后双方均未上诉，本判决已发生法律效力。

律师点评

在人们日常生活中，几乎所有与赌博相关的债务均统称为"赌债"。这就使我们在理解"赌债不用还"的时候容易扩大解释。

笔者结合上面的案例，修改一些事实要素，为大家解释一下赌债的两种情形：

第一种，因赌博输钱而向赢家出具的借条，或在互赌过程中向其他参赌人员出具的借条，从而形成的借贷关系无法律约束力，可以不还。

如上述案例中，李某和王某在赌场认识，如果李某与王某一起参与了赌博，李某惨输给王某10万元，于是李某给王某出具了借条，载明：今借到王某10万元人民币，借期3个月，月息5分。这种情形，只要李某能够留存相应有效证据，借条是其赌博输给王某转化的借款，就是我们常说的"赌债"，王某的行为就属于无效的民事行为。法律依据为《民法典》第153条"违反法律、行政法规的强制性规定的民事法律行为无效"及第155条"无效的或者被撤销的民事法律行为自始没有法律约束力"。所以，对于因赌博输钱而向赢家出具的借条，或在互赌过程中向其他参赌人员出具的借条，应当认定为无法律约束力的赌债，欠款方无须偿还债务，也就是通常理解的"赌债不用还"。

第二种，就是案例中的情况，王某借钱给李某去赌博，但不是我们理解中不用还的那种赌债。案例中，原告王某明知被告李某借款用于赌博仍然提供借款，双方之间的借款合同应当根据《民间借贷司法解释》第13条"具有下列情形之一，人民法院应当认定民间借贷合同无效：……（四）出借人事先知道或者应当知道借款人借款用于违法犯罪活动仍然提供借款的；……"的规定认定无效。那么根据《民法典》第157条的规定，"民事法律行为无效、被撤销或者确定不发生效力后,行为人因该行为取得的财产,应当予以返还;不能返还或者没有必要返还的,应当折价补偿。有过错的一方应当赔偿对方由此所受到的损失;各方都有过错的,应当各自承担相应的责任。法律另有规定的,依照其规定”。本案50,000元借款本金属于被告李某因无效合同取得的财产,其应当予以返还。需要注意的是,这不是基于借款合同而偿还的债务,而是因合同无效导致的返还的法律后果。同时,原告王某因出借款项而造成的损失,依据对双方过错程度的判定,确定被告李某以按年利率6%支付资金占用期间的利息为宜,不应再以日息1000元确定年利率24%的计息标准。

即,因赌博情节导致借贷合同无效的借贷行为,仍应返还全部本金,并根据双方过错比例承担部分利息。

此外,有部分人可能比较困惑的是,如果自己借给别人的钱拿去清偿了赌债,这种情况算上述哪种情况?

事实上,哪种也不是。

根据《民间借贷司法解释》第12条第1款“借款人或者出借人的借贷行为涉嫌犯罪,或者已经生效的裁判认定构成犯罪,当事人提起民事诉讼的,民间借贷合同并不当然无效。人民法院应当依据民法典第一百四十四条、第一百四十六条、第一百五十三条、第一百五十四条以及本规定第十三条之规定,认定民间借贷合同的效力”和第13条第4款“具有下列情形之一,人民法院应当认定民间借贷合同无效:……(三)出借人事先知道或者应当知道借款人借款用于违法犯罪活动仍然提供借款的”的规定,借款用途中,清偿赌债所形成的债权债务关系与故意借钱给他人赌博并非等同的概念,换言之,制造赌债的行为与消灭赌债的行为,二者概念不同。法律禁止的是制造赌债的行为,而非消灭赌债的行为。李某向王某借款的目的是清偿赌债所形成的债权债务关系,属于法无禁止的消灭赌债的行为,该借贷合同为有效,不因去偿还赌债而存在瑕疵。这样的规定也是为了保障出借人不会在不知情的情况下卷入赌债,从而利益受损。

最后,综上所述,赌债不一定不还。律师建议,不要心存侥幸,不要把犯错后逃脱债务的希望寄托给法律。珍惜生命,远离赌博。小赌未必怡情,大赌必定伤身,豪赌灰飞烟灭。

法条链接

《中华人民共和国民法典》

第一百五十五条 无效的或者被撤销的民事法律行为自始没有法律约束力。

第一百五十七条 民事法律行为无效、被撤销或者确定不发生效力后,行为人因该行为取得的财产,应当予以返还;不能返还或者没有必要返还的,应当折价补偿。有过错的一方应当赔偿对方由此所受到的损失;各方都有过错的,应当各自承担相应的责任。法律另有规定的,依照其规定。

10 借款一定要写用途吗?有什么影响?

在我们日常的生活中,很多人不会写借条,主要反映在从来不写借款用途,要么是因为口头上说过了不在意,要么是兄弟义气认为写借条影响双方关系更何况还问借款用途,还有就是真没有这种意识。但是不写借款用途真的好吗?本节笔者给大家讲解一下借款用途到底有什么用。

《民法典》第668条第2款规定:"借款合同的内容一般包括借款种类、币种、用途、数额、利率、期限和还款方式等条款。"也就是说,借款用途是借款合同的基本条款之一,但不是必备条款。

可是,在借条或借款合同上写明借款用途是有益于债权人的:既有助于限制借款人随意使用借款,防止借款人肆意挥霍或从事较高风险的行为。同时,借款人未按照约定的借款用途使用借款的,出借人可以停止发放借款、提前收回借款或者解除合同。

以下通过一个案件介绍看一下明确借款用途在实务中的重要性。

案件介绍

甲将8万元分两次借给了他的朋友乙,在乙出具的借条中没有写清楚钱的用途,只是口头上说是为了结婚需要。后乙一直未还钱,甲遂将乙及乙妻一起诉至法庭,要求被告二人承担共同还款责任。

法院认为，根据《最高人民法院关于审理涉及夫妻债务纠纷案件适用法律有关问题的解释》（已失效）的规定，夫妻关系一方在婚姻关系存续期间以个人名义为家庭日常生活需要所负的债务，债权人以属于夫妻共同债务为由主张权利的，人民法院应予支持；夫妻一方在婚姻关系存续期间以个人名义超出家庭日常生活所需所负的债务，债权人以属于夫妻共同债务为由主张权利的，人民法院不予支持但债权人能够证明该债务用于夫妻共同生活、共同生产经营或者基于夫妻双方共同意思表示的除外。这个解释的关键在于如何认定该借款属于夫妻共同债务，其关键点在于：一是以家庭日常生活需要或该债务用于夫妻共同生活、共同生产经营或共同意思表示；二是家庭日常生活需要的超出如何认定的问题。

由于本案中借条没有写明是"结婚用"，签署时乙仍是单身，无法证明该笔借款用于夫妻共同生活。因此，法院判决：不认定为夫妻共同债务，仅应由乙一人承担偿还债务。

律师点评

上述案例中，在没有书面写明借款用途的情况下，法院无法根据借款用途来判定是否超出了家庭生活需要，这样在公告送达对方缺席无法确定借款用途的情况下，法官很难判到配偶名下；或者对方突然变口供非用于家庭支出系自己单方面借款，则对债权也无法进行保障。虽然在家庭日常生活需要范围内的借款举证责任在对方但是家庭日常生活需要的数额本身便缺乏明确的数额，需根据当地的生活水平予以灵活确定，反而增加了债权人举证的难度和诉讼风险度。但是，如果在借条中约定了借款的用途，那么举证责任在于对方，只要借款的用途和借款数额没有明显矛盾且对方提不出确凿的证据情况下，法院很可能会支持诉讼请求。该案例便是如此，因未约定借款用途，导致该借款不属于夫妻共同债务，增加了债权实现的难度。

综上所述，借款合同中约定借款用途的作用主要有以下几个方面：

1. 出借人可以监督借款人使用借款情况，发现借款人擅自改变借款用途的，可以停止发放借款、提前收回借款或者解除合同，这对保证借款资金安全具有重要的意义。

2. 现实中，有的人借钱是用于赌博或其他的违法行为，有的人借钱目的违背社会公序良俗如买孩子等，在这样的情况下，不写借款用途就会留下很大的漏洞，容易导致借款合同无效，出借人利益受损。

3. 此外，与借款人约定借款用途，有助于保证借款资金安全，借款人如果虚构借款用途或者隐瞒借款用途而骗取借款的，有可能涉嫌诈骗犯罪，需要承担刑事责任。在必要时候，可以追究恶意借款人刑事责任，同时也可证明出借人已经明确借款用途合法。

法条链接

《中华人民共和国民法典》

第六百六十八条　借款合同应当采用书面形式，但是自然人之间借款另有约定的除外。

借款合同的内容一般包括借款种类、币种、用途、数额、利率、期限和还款方式等条款。

第四章

民间借贷的举证

11 只有借条没有转账凭证，怎么办？

在民间借贷关系中，出借人虽然有借条、合同等借据作为主张权利的证据，但法院不一定能支持出借人要求借款人还钱的主张。

因为《民法典》第679条规定：“自然人之间的借款合同，自贷款人提供借款时成立。”该法律条文的意思是对于一方是自然人为主体的民间借款中，款项的交付比借据更重要，如果双方订立了借款合同或写有借条，但没有实际交付借款的，合同没有成立。借款人不能单凭借条要求债务人还款。

此外，《民间借贷司法解释》第15条规定：“原告仅依据借据、收据、欠条等债权凭证提起民间借贷诉讼，被告抗辩已经偿还借款，被告应当对其主张提供证据证明。被告提供相应证据证明其主张后，原告仍应就借贷关系的成立承担举证证明责任。被告抗辩借贷行为尚未实际发生并能作出合理说明，人民法院应当结合借贷金额、款项交付、当事人的经济能力、当地或者当事人之间的交易方式、交易习惯、当事人财产变动情况以及证人证言等事实和因素，综合判断查证借贷事实是否发生。”

如果出借人主张现金交付所以不存在转账信息的，法庭会审查出借人自身的经济实力、交易习惯,要求出借人提供相应的证据证明其资产状况和现金出借能力。在实务中为了避免出现争议,对于出借人来说,就好的方式就是通过转账进行交付借款,尽量避免以现金的方式交付。否则,借款人很可能以没有实际收到借款为由进行抗辩。

由此可知,对民间借贷纠纷案件,不仅要看当事人之间的借据是否真实有效,还要审查其履行情况,法院会基于出借人除借条外的其他证据以及借款人的抗辩理由作出不同裁判。

如果除借据外,出借人无法举出其他证据的,则法院难以认定借款交付的事实。因此律师建议出借人可以收集其他证据补强,包括但不限于:到银行调取当时提款的凭证;双方的电话录音,如在电话里提到还钱的事,并且对方承认了借钱的事实;双方的手机短信,如短信内容里提到还钱的事,看对方回复里有没有承认借钱的事;找当时在场的人或其他无利益第三方作证。

上述规则有例外情况,也就是小额借款。小额借款将在律师点评处展开说明。

案件介绍

深圳市坪山新区腾龙五金塑胶制品厂(以下简称腾龙厂)由江某实际经营,被告李某于2015年6月26日与腾龙厂签订书面的《承包车间合同书》,双方约定腾龙厂将部分车间承包给被告用于眼镜镀铬加工使用,李某每月应当向腾龙厂交纳水电费、房租及杂费等费用。双方签订合同后,由于李某经营不善,导致被告拖欠腾龙厂房租、水电费等杂费共计人民币46万元。后李某为了继续经营与原告协商将上述费用作为借款并向江某出具了借条,双方约定借款期限为2个月(从2016年5月28日至2016年7月28日止),借款时间为2016年5月28日,借款金额为46万元。但是被告在期满后一直迟迟不予归还,因此原告为维护自身合法权益,特向法院提起诉讼,恳请法院支持原告的诉讼请求。原告的诉讼请求:判令被告偿还原告借款本金46万元及利息25,760元(按银行同期贷款利息的4倍即年利率24%,从2016年7月29日开始计算,暂算至2016年10月20日并一直计算至被告将本金和利息全部付清时止)。

李某答辩称,原告江某主张的诉讼请求没有事实和法律依据。原告并未实际向被告支付过人民币46万元。另外,关于租金的说法,有(2016)粤0307民初

16433号、16434号民事调解书，该调解书中均已对被告所欠原告的房租租金作出调解，经原告确认，共计326,280元。原告在本案以房屋租金作为民间借贷的基础关系不属实。根据一事不再理原则，如果原告以房屋租赁关系主张权利属于重复起诉，如果原告以民间借贷主张权利就应该提供借款合同的原件和转账记录来支持其诉讼请求。

法院经审理确认如下事实：2015年6月26日，被告作为乙方与案外人腾龙厂作为甲方签订《承包车间合同书》，约定：甲方将面积795平方米的3栋1楼B车间、面积为154.6平方米的宿舍、94.5平方米的仓库承包给乙方使用。乙方在承包期间每月须向甲方交纳如下费用（均为人民币、不含税）：承包车间租金每月53.00元/平方米（2016年1月1日前按每月50.00元/平方米计）；宿舍租金每月13.50元/平方米；仓库租金每月20.00元/平方米承包期内不变。治安费、卫生费及相关杂费3000.00元/月。生活用水费用5.00元/立方米。用电费用1.26元/度，若遇供电部门价格调整，照价相应调整。双方还约定了其他权利义务。2016年5月28日，被告向原告出具一张《借条》。该《借条》载明：现借到江某人民币肆拾陆万元整￥460,000.00元，借期2个月（从2016年5月28日起至2017年7月28日止）特此立据。2016年，案外人腾龙厂以李某为被告向深圳市龙岗区人民法院提起（2016）粤0307民初16433号案件诉讼，以李某拖欠水电费、房租及杂费481,978.19元为由，请求判令被告支付上述拖欠的款项。2016年12月19日，双方达成调解协议：原告、被告双方确认被告拖欠原告水电费、租金总计326,280元；被告于2017年1月26日前一次性支付给原告。深圳市龙岗区人民法院出具了（2016）粤0307民初16433号民事调解书，确认双方的调解协议。

法院认为，本案为民间借贷纠纷。在本案中，原告主张与被告之间存在借贷关系，原告应当就其主张提供实际证据证明。原告仅能提供被告出具的《借条》及被告与案外人腾龙厂签订的《承包车间合同书》，但未能提供证据证明其实际代被告向案外人腾龙厂垫付了租金及相关费用46万元。原告未能提供证据证明其与被告之间借贷关系的真实存在，依据举证责任的分配原则，原告应当自行承担举证不能的法律后果，对原告的主张，法院不予采信。因此，对原告依据借贷关系提出的被告偿还借款本金及利息的诉讼请求，法院不予支持。

裁判结果

法院最终判决如下:驳回原告江某的诉讼请求。

律师点评

在民间借贷关系中,出借人一方通常可能认为:有借条在手,白纸黑字的借款人肯定无法抵赖,如果到时候不还钱,向法院主张权利定能胜诉。其实,这样想是非常严重的认识误区,出借人虽然有借条、合同等借据作为主张权利的证据,但法院不一定能支持出借人要求借款人还钱的主张。下面笔者就根据法律的规定来说说具体的原因。

《民法典》第 679 条规定:"自然人之间的借款合同,自贷款人提供借款时成立。"该法律条文的意思是对于一方是自然人为主体的民间借款中,款项的交付比借据更重要,如果双方订立了借款合同或写有借条的,没有实际交付借款的,合同不算成立。借款人不能单凭借条要求债务人还款。

当一方仅拿出借据用来证明借款关系成立,要求还款,此时说明借贷关系是不稳定的,借款人可以主张债务已经还清或者借条只是形式背后存在其他情况,都可能会导致借条的证明力大大减小甚至无效。《民间借贷司法解释》第 15 条同样规定了类似情况,让上述抗辩有法可依,用以保护债务人利益:"原告仅依据借据、收据、欠条等债权凭证提起民间借贷诉讼,被告抗辩已经偿还借款,被告应当对其主张提供证据证明。被告提供相应证据证明其主张后,原告仍应就借贷关系的成立承担举证证明责任。"

因此,对于此类案件,法院会基于出借人除借条外的其他证据以及借款人的抗辩理由作出不同裁判。

本节案例中,原告江某有被告李某出具的借条,借款金额 46 万元,其主张的理由是因为代替被告李某支付有 46 万元的房租、水电费,该任务转化为民间借贷。但是,原告江某虽有借条在手,但其没有提供证据证明其实际代替被告支付 46 万元的房租、水电费等凭证,该凭证本质上是江某作为出借人,证明已履行交付借款的证据。因此,江某在没有提供实际交付的证据时,仅以借条向法院起诉,主张被告还款的,会被法院判决驳回诉讼请求。

由此可知,对民间借贷纠纷案件,不仅要看当事人之间的借据是否真实有效,还要审查其履行情况。出借人只有借条,向法院主张借款人还钱的,能不能得到法院的支持,关键是要看出借人有没有实际提供借款,双方的借贷关系是否生效。如果除借据外,出借人无法举出其他证据,则法院不会认定借款交付的事实。而且出借人主张现金交付的,法庭会审查出借人自身的经济实力、交易习惯,要求出借人提供相应的证据证明其资产状况和现金出借能力。出借人可以提供取款凭证等间接证据、当事人之间的对话录音或者其他的见证人等可以证明出借人实际履行借款义务的证据。

上述规则有例外情况,也就是小额借款。例如,出借人甲借给了债务人乙100元,此时,借条既是借贷的合意,又是交付借款的凭证,因为小额借款中,根据一般的生活常理,无须出借人再另行提供转账凭证作为交付的事实。不过,借款金额的大小是个相对的概念,并无统一的标准,一般要根据日常生活经验、出借人的出借能力、借款原因、交易习惯等综合确定。在不同的主体之间,也可能5万元的借贷就属于大额,需要转账凭证;但是另一笔借贷中,10万元的借贷仍属于小额,不需要转账凭证。所以,如果要主张因小额而不存在转账凭证,应就小额进行证据补强。

那么,如果借款已经发生并且确实只有借条,应该怎么办呢?一般情况下,除了转账记录外,可以通过其他证据来证明进行合理的说明,如通话记录、聊天记录、证人证言等。

具体而言,出借人可以从以下方面收集证据:

1. 到银行调取当时提款的凭证或其他可以证明现金交付的证明。

借款虽然没有转账凭证,但凡事有因果,很多人是前几个小时把钱从银行提款后直接现金交付给了借款人,此时可以到银行调取当时提款的凭证甚至有些借款人就站在柜台边上直接拿走,如果有此类证据则可证明出借人已经将借款交付。

2. 双方的电话录音。

双方应当在电话里提到还钱的事,并且对方承认了借钱的事实。为了提高录音证据的证明效力,应该特别注意以下几点:被录音人必须是债务人本人,比如,在通话中要求对方报出自己的姓名和身份;录音内容尽量完整反映借贷关系发生的经过、具体金额和欠款数额;录音过程中,注意沟通技巧,确保对方陈述清楚且是其真实的意思表示;提交给法庭的录音证据需真实、完整,是未被剪辑、编辑、篡改过的录音原始载体。

3. 微信或短信聊天记录。

微信或短信聊天记录属于电子数据，是证据的一种。相对录音来说，其想成为强有力的证据并不容易。但是微信或短信聊天记录能判断双方的身份情况，且聊天记录时间跨度长、内容完整、具有连续性，如短信内容里提到还钱的事，看对方回复里有没有承认借钱的事，甚至可能事后在微信上补一张借条出来，也可以极大地帮助认定借贷关系的成立。

4. 找证人证明借贷关系存在。

司法实践中，如果有证人可以作证而且属实的，可以作为证据来使用。民间借贷多发生在日常生活场景中，借款发生时，往往不仅有借贷双方在场，因此，如果当时在场的第三人或双方邀请的见证人能够出庭作证，如实陈述当时的事实，其陈述可以作为证明案件事实的证据。

法条链接

《中华人民共和国民法典》

第六百七十九条　自然人之间的借款合同，自贷款人提供借款时成立。

《最高人民法院关于审理民间借贷案件适用法律若干问题的规定》

第十五条　原告仅依据借据、收据、欠条等债权凭证提起民间借贷诉讼，被告抗辩已经偿还借款的，被告应当对其主张提供证据证明。被告提供相应证据证明其主张后，原告仍应就借贷关系的存续承担举证责任。

被告抗辩借贷行为尚未实际发生并能作出合理说明的，人民法院应当结合借贷金额、款项交付、当事人的经济能力、当地或者当事人之间的交易方式、交易习惯、当事人财产变动情况以及证人证言等事实和因素，综合判断查证借贷事实是否发生。

12 只有转账凭证没有借条，怎么办？

在民间借贷中，当事人之间产生借贷关系的，并不一定都要写借条，尤其是在亲戚、朋友、同事等熟人之间，大多没有书面的借款凭据，仅仅有出借人向借款人支付的转账凭证。但是，实务中也有许多不讲信用的借款人，事后不还款甚至还玩消失，这种情况下出借人就担心了，因为要是主张借款人还钱，却只有转账凭证，这种仅有转账凭证的借款，出借人能向法院起诉要回吗？下面笔者来说一下这方面的相关法律知识。

根据《民间借贷司法解释》第16条的规定，“原告仅依据金融机构的转账凭证提起民间借贷诉讼，被告抗辩转账系偿还双方之前借款或者其他债务的，被告应当对其主张提供证据证明。被告提供相应证据证明其主张后，原告仍应就借贷关系的成立承担举证证明责任”。

从法律条文的内容来看，如果出借人仅有转账凭证的，出借人首先可以按民间借贷向法院起诉要求借款人还钱，关键是看下一步借款人如何抗辩。因为转账可以存在于各种法律关系中，例如买卖、租赁、投资等都可能会产生转账。

即，出借人仅凭转账可以向法院起诉并立案受理。在法院审查过程中，债务人有两种可能：

其一，认可属于借款，则借贷关系成立，出借人主张还款会得到法院支持。

其二，不认可是借款，主张是其他法律关系产生的转账凭证。此时，由被告（债务人）承担举证责任，分两种情况讨论：如果债务人能提供有效的证据证明该转款是基于其他法律关系产生的，则双方借贷关系不成立；如果债务人虽然主张是其他法律关系产生的转账凭证，但是不能有效证明的，则由债务人承担不利后果，即双方借贷关系成立。

案件介绍

案例一：被告孙某林与陈某富父亲是好朋友，陈某富平时也是以伯伯称呼被告。2014年8月8日，被告孙某林以偿还信用卡为由向陈某富借款1,000,000

元，陈某富通过中国农业银行汇款方式向被告交付款项。由于被告远在新疆，陈某富在平阳，因而未出具借条。后陈某富多次催讨未果。

为此，陈某富起诉请求：判令被告孙某林偿还陈某富借款本金1,000,000元及利息（利息按年利率6%计算，从起诉之日起算至还清之日止）。被告孙某林未作答辩亦未向法院提供证据。

法院审理后认为：根据《民间借贷司法解释》第16条的规定，陈某富依据转账凭证主张被告孙某林向其借款，并对借款的成因和过程作了合理说明。而被告孙某林没有针对陈某富转账行为主张的借款事实，提出有效、合理的答辩意见，视为放弃抗辩，且陈某富提供的录音等证据对陈某富主张的借款能加以佐证，故应当认定陈某富主张的被告孙某林向其借款1,000,000元的事实成立。

现陈某富已起诉向被告主张还款权利，被告仍未履行还款义务，逾期还款应按法律有关规定支付逾期还款利息，时间自陈某富起诉之日起计算，陈某富要求被告按年利率6%支付逾期还款利息，合法有据，法院予以支持。据此，法院判决：被告孙某林于判决生效之日起10日内偿还陈某富借款1,000,000元及利息。

案件介绍

案例二：原告、被告等人商议共同设立建材实业公司，并通过会议决定公司注册资本为人民币3000万元，包括被告在内的其余股东均向张某伟个人借款作为注册资金。2013年6月18日，张某伟从自己的账户转账汇款人民币367.5万元到被告黄某庆的账户上。同日，被告黄某庆将该笔借款作为投资款转到建材实业公司的临时存款账户内投资入股，并行使了股东权利，但一直未将该笔借款归还张某伟。

为此，张某伟诉至法院，请求判令：被告黄某庆偿还张某伟借款3,675,000元，并向张某伟支付起诉之日至还款之日的利息。

被告黄某庆辩称：张某伟所述的事实与理由均不存在，张某伟给被告汇款，并非借款，而是因为被告与姚某、刘某、谭某共四人注册成立了弘大建材市场管理有限公司（以下简称弘大公司），筹建建材五金市场，共计投入资本2300万元，后因资金不足，黄某庆等四人决定增资扩股，引进投资人贺某，但张某伟、贺某认为继续以弘大公司来经营可能有纠纷，存在风险，不同意以弘大公司名义操作，而是另行注册成立建材公司运作该项目，并由贺某担任该公司的法定代表人。因为黄某庆等四人为运作该项目已经支出了1600多万元费用，所以经各方商定，将支出费用中的1470万元定义为谭某等四人对创高建材公司注册股本的出资（剩余100万元转为对创高建材公司后期投资），由张某伟、贺某支付1470万元给黄某庆等四人，每人均为367.5万元，黄某庆等四人无须再额外另行出资注册，弘大公司的所有成果和资产（含有形和无形资产）则转入创高建材公司。综上，涉案的367.5万元并非借款，而是因公司设立时有关股权、资产的纠纷，请求依法驳回张某伟的诉讼请求。

法院审理后认为：根据《民间借贷司法解释》第17条的规定，本案中，张某伟仅依据金融机构的转账凭证即提起民间借贷诉讼，被告提交的《股东会议纪要》证明，该笔3,675,000元的汇款系出资款项，并非借款，且张某伟未提交其他证据证明借贷关系的成立。故对于被告认为涉案资金3,675,000元并非借款的辩称，法院依法予以支持。

裁判结果

法院根据《民事诉讼法》第64条之规定，判决驳回张某伟要求被告黄某庆偿还借款3,675,000元及支付利息的诉讼请求。

案件介绍

案例三：王某、殷某系朋友关系，殷某因购买房屋缺少资金，故向王某借款，后来，殷某与华润置地（盐城）有限公司签订了商品房买卖合同，购买位于盐城市某房屋，该房价款为539,342元。后王某分别于2013年1月27日从中国农业银行盐城新都支行汇款1万元，同月28日从中国工商银行盐城亭湖支行汇款2万元、同年2月5日从中国银行盐城城南支行汇款509,342元，均汇入华润置地（盐城）有限公司账户，用于殷某购房。但上述借款殷某没有出具借据。王某追要未果，遂诉至法院要求殷某偿还借款539,342元，并按同期银行贷款利率承担利息。

殷某辩称，王某给其汇款买房不是借款，而是赠与行为，并向法院提交了收入证明，证明其有能力自行购房，无须对外借款。

法院认为,关于殷某辩解王某汇款给其买房不是借款是赠与行为,但未举证证明双方存在赠与的明确约定,且殷某也未能举出足以对借款关系真实性产生合理怀疑的证据,故对殷某的辩解,法院依法不予采信。王某汇款给殷某购房,殷某虽没有出具借据,但有王某直接转款给殷某购房的汇款凭证在卷证实,事实清楚,应予认定。现因殷某未能履行还款义务,故应承担相应的民事责任。

裁判结果

最终法院作出如下判决:殷某应于本判决生效之日起10日内偿还王某借款539,342元及其相应利息。

律师点评

上述三个案例体现的是本类案件的三种不同情形。案例一中,出借人仅有转账凭证,但借款人没有进行有效抗辩该笔转账不是借款,这样依法可以认定存在借贷关系,出借人需要还款。案例二中,原告张某伟仅凭转账凭证向法院主张借贷关系,但是被告黄某庆提供了有效的证据证明,该笔转账并不是借款,而是出资,因此法院判决驳回其诉讼请求。案例三中,原告主张是借贷,而被告抗辩为赠与,并提供了工资单等证明自身经济能力没有必要借款,但法院认为不足以证明双方存在确切的赠与关系。

根据最高人民法院的相关司法解释,出借人仅提供银行转账凭证作为初步证据,就可以民间借贷为由起诉借款人,要求其还款。而涉诉银行转账凭证,出借人可以自行或者申请法院出具委托调查函的方式调取。

此时,法院需视被告的抗辩来审查:如果被告是认可属于借款的,则借贷关系成立,出借人主张还款会得到法院支持,即案例一;如果被告不认可属于借款的,如称该转账系偿还双方之前借款或其他债务,则被告应对其主张提供证据证明,此时就会出现案例二和案例三两种情况,一个是被告举证有利法院认定债权不成立,一个是举证不利法院认定债权成立,具体案件应具体分析,看被告提供的证据的证明力能否说服法官。

实务中有许多没写借条的借贷关系,这种情况只要双方没有其他经济纠纷的,一般法院都可以支持按借贷主张;但是,也有很多人把本来是其他法律关系产生的转账行为,认为可以当借贷关系要回转账的款项,这种情况法院是不可能支持的。

最后,假如原告不愿意被动等待被告未知的抗辩再做出反应,可以在起诉前寻找以下证据作为转账凭证的补强证据,进一步证明借贷关系的成立:

(1)双方的电话录音,如在电话里提到还钱的事,并且对方承认了借钱的事实;(2)双方的手机短信,如短信内容里提到借款或还钱的事,能与转账记录相互印证,形成完整的证据链;(3)找当时在场的人或其他无利益第三方作证。

综上,只有转账凭证没有借条并不必然导致败诉,若借款人抗辩并提供相应证据的,只要出借人能从其他方面提供证据,以证明借贷关系的存在,法院也会综合全案证据去判定。

法条链接

《最高人民法院关于审理民间借贷案件适用法律若干问题的规定》

第十六条　原告仅依据金融机构的转账凭证提起民间借贷诉讼,被告抗辩转账系偿还双方之前借款或者其他债务的,被告应当对其主张提供证据证明。被告提供相应证据证明其主张后,原告仍应就借贷关系的成立承担举证责任。

13 打官司被告不来,能要回钱吗?

债务到期却找不到债务人,若债权人去法院打官司,作为债务人的被告不来怎么办?被告不来能要回钱吗?

本节所述的“钱能否要回来”不包括执行方面的因素(执行具体见下编),本书的上编只讨论庭审过程中,即被告不来对法院的程序和胜诉率的影响。

原告启动司法程序,被告理应应诉,但是被告是否到庭也是被告的权利,被告放弃应诉答辩,一般法庭也不会把被告强制拘传到庭。但是,当事人可以缺席,但法院不能拒绝裁判,同时也要保护到庭一方当事人的合法权利。因此,在民事诉讼中,存在被告缺席审判制度。

诚然,民间借贷纠纷案件的缺席审判和一般民事诉讼的缺席审判适用相同的程序，只不过在实务中，出于消极对待、逃避债务等各种心态，该类案件中被告不出庭的概率较其他类型案件较大，故编入民间借贷纠纷中进行说明。

首先，要知道被告不出庭法院如何处理，需要分清两种不同的被告缺席类型。

（一）被告故意不应诉

被告故意不应诉的情形指的是：被告明知诉讼的存在，仍作出拒不到庭的选择。具体而言，原告在诉讼时提供证据及被告的有效联系方式，法院根据原告提供的地址进行送达，被告签收了传票，并接收了诉状和相关证据副本，但其在规定的开庭时间不出庭。请注意，此种情况下，被告的签收证明了法院已经将起诉状及开庭时间进行了有效的送达，之后如果被告再不出庭，则视为故意不应诉。

（二）被告下落不明

被告下落不明的情形指的是：法院根据原告提供的地址进行送达而送达不到，或无此地址、或地址中查无此人、或家中无人，并且根据原告提供的手机号码进行拨打，往往是停机、关机或无人接听。

根据两种不同被告缺席的程度，法庭将采取不同的两种程序：

1. 对于被告故意不应诉的，按照签收传票上确定的开庭时间开庭，不论被告是否出庭，均可以直接缺席判决。

2. 对于被告下落不明的，法院会进行公告送达，实务中会因被告身份的不同需要经过 1 个月到 6 个月（涉外）的公告期，法院会通过官方报纸或其他公共渠道向被告以公告方式送达传票及起诉状等材料，新的开庭时间应在公告期届满之后，在新的开庭日期到达之日，法院方可缺席判决。

综上，我们可知，不论被告属于哪种缺席类型，法院均可缺席判决，不同的是程序时间上的差异，前者快而后者慢。

缺席审判的效力和对席审判的效力一样，与对席审判具有同等的法律效力。

此外，在《最高人民法院关于人民法院审理借贷案件的若干意见》中曾经规定，公告期限届满债务人仍不应诉，经法院审理但借贷关系无法查明时，应裁定中止诉讼的这一法规，已于 2015 年 8 月 6 日由法释〔2015〕18 号司法解释废止。

案件介绍

曾某诉被告瞿某、陈某民间借贷纠纷一案，原告曾某诉称：2012年8月31日，二被告因业务扩展需要资金，向原告借款1,000,000元，双方签订了合同，被告出具收条，约定利息3分。2018年年底，二被告又向原告借款300,000元，双方签订了补充协议。二被告借款后，未按约定还本付息，原告向人民法院起诉，要求判令被告支付原告借款1,300,000元及其利息。

法院于立案受理后，向被告送达传票失败，即转公告程序。被告瞿某、陈某经法院公告送达民事诉状副本、应诉通知书、举证通知书、开庭传票，逾期未到庭参加诉讼，法院依法缺席审理，现已审理终结。

庭审中，原告曾某为证实其诉讼主张，向法院提供了如下证据：(1)原告的身份证复印件、被告瞿某的户籍证明，拟证实原告、被告的主体资格；(2)《借款合同》、《补充协议》、收条、转款凭证，拟证实原告、被告签订《借款合同》，二被告两次向原告共借款1,300,000元的事实。

由于二被告未到庭，未对原告提供的证据进行质证。法院经审查认为，原告提供的两组证据具有真实性、合法性，与本案具有关联性，依法予以采信。被告瞿某、陈某未向法院提供证据，视为对民事权利的放弃。

被告瞿某、陈某未提出答辩意见，视为对答辩权利的放弃。

法院认为，合法的借贷关系受法律保护。本案原告曾某与被告瞿某、陈某之间的民间借贷关系，系双方的真实意思表示，合法有效，应受法律保护。关于二被告向原告借款本金的认定，根据双方签订的《借款合同》、转款凭证，二被告向原告借款本金应认定为1,000,000元。原告主张的另外300,000元仅有收据一张，不足以证实二被告向原告借款本金300,000元的事实，法院不予认定。被告刘某华借款后，未在约定期间向原告归还借款，应承担清偿的责任。故对原告主张二被告归还借款本金1,000,000元的诉讼请求，予以支持。本案被告瞿某、陈某经法院公告送达开庭传票后，无正当理由未到庭参加诉讼，根据《民事诉讼法》(2014版)第147条“被告经传票传唤，无正当理由拒不到庭的，或者未经法庭许可中途退庭的，可以缺席判决”的规定，法院依法缺席裁判。

裁判结果

法院依照原《合同法》第 206 条,《民间借贷司法解释》第 26 条、第 29 条,《民事诉讼法》第 147 条之规定,判决如下:被告瞿某、陈某尚欠原告曾某借款本金 1,000,000 元,定于本判决生效之日起 7 日内偿还;借款利息以本金 1,000,000 元为基数,自 2014 年 9 月 1 日起按月利率 2% 计算,至还清为止,利随本清。

律师点评

由上述案例可知,被告缺席将丧失举证、质证、法庭答辩等权利。根据《民事诉讼法》第 147 条"被告经传票传唤,无正当理由拒不到庭的,或者未经法庭许可中途退庭的,可以缺席判决"和《最高人民法院关于适用〈中华人民共和国民事诉讼法〉的解释》第 241 条"被告经传票传唤无正当理由拒不到庭,或者未经法庭许可中途退庭的,人民法院应当按期开庭或者继续开庭审理,对到庭的当事人诉讼请求、双方的诉辩理由以及已经提交的证据及其他诉讼材料进行审理后,可以依法缺席判决"的规定可知,被告不出庭,法院有权依法缺席审判。

需要说明的是,既然被告缺席那么事实肯定难以查明,原告一方说理,原告主张的证据也无法对质,法院是否依据原告的主张判决?答案是否定的。即,被告缺席,法官仍然要审查证据,并且听取原告的主张,要查明案件事实,依据审查结果作出判决。以事实为依据,以法律为准绳是民事审判的基本原则。所以,被告不应诉原告不一定当然胜诉。

最后,作为知识拓展,原告不出庭是否影响审判程序?根据《民事诉讼法》的相关规定,原告、原告代理人均缺席时将视为撤诉。即在原告代理人出庭的情况下,原告本人可以自行选择是否出庭,对诉讼程序和审理没有影响。但在民间借贷案件中,个别情况下,如法官认为借贷关系是否构成有较大存疑,要求债权人本人出庭的,债权人本人应当同意亲自出庭,否则将承担举证不力的后果,具体可参见案例(2008)甬鄞民二初字第 739 号饶某良与徐某良民间借贷纠纷一案,因篇幅有限在此不再赘述。

法条链接

《中华人民共和国民事诉讼法》

第一百四十七条　被告经传票传唤，无正当理由拒不到庭的，或者未经法庭许可中途退庭的，可以缺席判决。

《最高人民法院关于适用〈中华人民共和国民事诉讼法〉的解释》

第二百四十一条　被告经传票传唤无正当理由拒不到庭，或者未经法庭许可中途退庭的，人民法院应当按期开庭或者继续开庭审理，对到庭的当事人诉讼请求、双方的诉辩理由以及已经提交的证据及其他诉讼材料进行审理后，可以依法缺席判决。

第五章

借贷与担保

担保是指在借贷、买卖、货物运输、加工承揽等经济活动中，债权人需要以担保方式保障其债权的实现而设定的。

担保有很多方式如保证担保、抵押担保、质押担保、留置担保和定金担保等。民间借贷纠纷中，常见的是抵押担保和个人保证担保。

14 保证约定不明确时，如何确定保证人的保证责任？

近年来，民间借贷纠纷大量发生，常常涉及保证人的责任问题。在司法实践中，笔者发现，由于人们并不了解一般保证与连带责任保证的区别，因此很多借贷合同中会出现类似于“如果债务人不按时履行义务的，保证人承担保证责任”的约定。有的借贷合同甚至没有保证条款，仅仅在文末加了一处“保证人签字”。这些情况都是属于对保证的约定不明确，容易发生理解和适用分歧，一旦发生纠纷，保证人承担何种保证责任会产生争议。

《民法典》第686条规定：“保证的方式有一般保证责任和连带保证责任，当事人在保证合同中对保证方式没有约定或者约定不明确的，按照一般保证承担保证责任。”一般保证与连带保证具体定义与区别如下。

(一)一般保证

当事人在保证合同中约定,债务人不能履行债务时,由保证人承担保证责任的,为一般保证。一般保证的保证人在主合同纠纷未经审判或者仲裁,并就债务人财产依法强制执行仍不能履行债务前,对债权人可以拒绝承担保证责任。

(二)连带责任保证

当事人在保证合同中约定保证人与债务人对债务承担连带责任的,为连带责任保证。连带责任保证的债务人在主合同规定的债务履行期届满没有履行债务的,债权人可以要求债务人履行债务,也可以要求保证人在其保证范围内承担保证责任。

二者在对债权的担保力度、担保人的诉讼地位、请求时间上的不同见表5－1:

表5－1　一般保证与连带保证的区别

不同点	一般保证	连带保证
担保力度	弱	强
诉讼地位	保证人可以列为: 共同被告√ 单独被告×	保证人可以列为: 共同被告√ 单独被告√
诉讼时效期间的起算时间	以主合同判决或者仲裁裁决生效之日起	从债权人要求保证人承担保证责任之日起
主债务诉讼时效:中止/中断	保证债务诉讼时效: 中止√ 中断√	保证债务诉讼时效: 中止√ 中断×
先诉抗辩权	√	×

法条链接

《中华人民共和国民法典》

第六百八十六条　保证的方式包括一般保证和连带责任保证。

当事人在保证合同中对保证方式没有约定或者约定不明确的，按照一般保证承担保证责任。

15 抵押人拒绝办理登记手续，担保生效吗？抵押人是否应承担责任？

案件介绍

2014年12月30日，原告A公司与B公司签订保证合同，约定为C公司对B公司贷款提供保证担保。C公司（借款人）、A公司（担保人）、商贸城（反担保人）于2014年12月29日签订反担保协议。被告商贸城以其名下位于红山物流园区东临空地、南临纬五街、西临园区二号路、北临林场的已完成施工但未通过验收的赤峰商贸城h号厅房产（建筑面积约为9765平方米）向原告提供反担保；如原告发生代偿，被告商贸城在5日内偿还原告代偿款项，否则被告无条件将上述h号厅房产过户给原告。原告A公司诉至法院请求判令被告商贸城立即赔偿原告因为其担保所造成的代偿损失及违约金。

法院经审理认为，反担保协议的内容及担保方式的约定，该合同性质应为抵押合同。虽然双方签订反担保协议后，未办理抵押登记，但仅仅是抵押权未设立，不影响该抵押合同的效力，故被告提出因抵押物未办理抵押登记而致反担保协议未生效的答辩意见法院不予支持。被告在涉案房地产具备抵押登记条件时拒绝为原告办理抵押物登记，构成违约。被告应赔偿原告为C公司提供担保而产生的损失。

裁判结果

法院判决如下：被告商贸城于本判决生效后立即给付原告A公司代偿金额及违约金。

律师点评

抵押权人拒绝办理抵押登记应当承担违约责任和损害赔偿责任。未经登记,抵押权不设立,但并不影响抵押合同的效力。抵押合同签订后,抵押权人即负有配合抵押权登记的义务,因抵押合同是有效的,在能够继续办理抵押登记情况下,当债权人行使登记请求权而抵押人拒绝时,应依照《民法典》第 577 条的规定,承担违约责任。

法条链接

《中华人民共和国民法典》

第五百七十七条　当事人一方不履行合同义务或者履行合同义务不符合约定的,应当承担继续履行、采取补救措施或者赔偿损失等违约责任。

16 既有抵押又有保证的,债权人应当按什么顺序主张权利?

被担保的债权既有物的担保又有人的担保的,债务人不履行到期债务或者发生当事人约定的实现担保物权的情形:

(1)债权人应当按照约定实现债权;(2)没有约定或者约定不明确,债务人自己提供物的担保的,债权人应当先就该物的担保实现债权;(3)第三人提供物的担保的,债权人可以就物的担保实现债权,也可以要求保证人承担保证责任;(4)提供担保的第三人承担担保责任后,有权向债务人追偿。

案件介绍

该案执行依据为(2017)赣民终 22 号民事判决书,判决内容:被告江西 A 公司偿还原告江西银行本金及利息。被告解某生提供的抵押物房产,被告浩城建设公司、解某生、张某等人对被告江西 A 公司所欠原告江西银行上述款项的给付在 1500 万元本金范围内承担连带担保责任。

被执行人欧某、仇某春向该院提出书面异议请求撤销(2019)赣 01 执异 83

号执行裁定,中止对其唯一住房的执行。因为中凯蓝域是其唯一住房。因解某生实际控制的江西A公司向江西银行借款提供担保,被作为本案被执行人。借款的实际受益人是解某生,异议人作为担保人并未受益,其提供担保原本也是基于解某生针对本案借款提供了房屋作为抵押物,该抵押房屋评估价超过1544万元,已足以清偿所欠江西银行的借款。从避免增加诉累以及保护担保人合法权益的角度,应当优先处置解某生的抵押房产。

法院认为,本案的争议焦点是能否在不处置本案抵押物的情况下,直接处置复议申请人欧某、仇某春的唯一住房。本案中第三人即被执行人解某生提供了位于北京市海淀区、南昌市湾里区的房产抵押担保即物的担保的,债权人即申请执行人江西银行有权可以就房产的担保实现债权,也可以要求保证人欧某、仇某春承担保证责任,因此,南昌市中级人民法院对被执行人解某生抵押物房产的执行与被执行人欧某、仇某春房产的执行没有先后顺序之分。更何况被执行人与申请执行人江西银行签订的《最高额保证合同》对于债务人江西A公司不履行到期债务时,江西银行如何实现担保物权有明确约定,即不论该债权是否有其他担保,也不论该担保是否由债务人自己提供,江西银行均可直接要求复议申请人欧某、仇某春承担保证责任。从《民法典》的相关规定和当事人签订的《最高额保证合同》的约定来看,申请执行人江西银行可以直接申请执行欧某、仇某春的房产,无须在处置被执行人解某生提供的抵押物后,不足以偿还债权时再执行。本案中,复议申请人未提供证据证明拟拍卖的房产是其唯一住房,即便是唯一住房,南昌市中级人民法院在符合法律规定的情况下也可以拍卖处置。因此,法院认为南昌市中级人民法院直接处置复议申请人欧某、仇某春的住房并无不当。

裁判结果

法院最终裁定驳回复议申请人欧某、仇某春的复议申请,维持江西省南昌市中级人民法院作出的(2019)赣01执异83号执行裁定。

律师点评

《民法典》第392条规定:“被担保的债权既有物的担保又有人的担保的,债务人不履行到期债务或者发生当事人约定的实现担保物权的情形,债权人应当按照合同的约定实现债权。”这是尊重当事人事前的意思自治。如果担保合同中已经约定了担保人承担责任的顺序,那么债权人应当遵循该约定的顺序。

“第三人提供物的担保的,债权人可以就物的担保实现债权,也可以要求保证人承担保证责任。”即同一债权既有第三人物的担保又有其他第三人的人保时,债权人享有担保人选择权。第三人物保和保证人都在担保人的地位上是平等的,而且都不是还债的最终义务人,只有债务人才是最终义务人。因此,债权人无论是先实现物的担保还是先实现人的担保,物的担保人或者保证人都存在向债务人追索的问题。为了保障能够实现债权人的债权,法律应当尊重债权人的意愿,允许担保权人在这种情况下享有选择权。

“没有约定或者约定不明确,债务人自己提供物的担保的,债权人应当先就该物的担保实现债权。”这表明债权人只能先行使担保物权以维护自己的债权利益,之后在不能完全受偿的剩余债务范围内,才可以向保证人要求利益保证。因为,如果债权人先行使人的担保,那么保证人在履行完保证责任后,还需要向最终的还债义务人进行追索。如果担保物权人先行使对物的担保,就可以减免保证人日后再向债务人行使追索权的烦琐,减少实现债务的成本和费用。而且,在债务人自己提供物的担保的情况下,要求保证人先承担保证责任,对保证人也是不公平的。

法条链接

《中华人民共和国民法典》

第三百九十二条　被担保的债权既有物的担保又有人的担保的,债务人不履行到期债务或者发生当事人约定的实现担保物权的情形,债权人应当按照约定实现债权;没有约定或者约定不明确,债务人自己提供物的担保的,债权人应当先就该物的担保实现债权;第三人提供物的担保的,债权人可以就物的担保实现债权,也可以请求保证人承担保证责任。提供担保的第三人承担担保责任后,有权向债务人追偿。

17 普通合伙企业合伙人在借贷合同中以合伙企业财产份额出质，能否办理？

股权质押，是指出质人与质权人协议约定，出质人以其持有的股份作为质押物，当债务人到期不能履行债务时，债权人可以依照约定就股份折价受偿，或将该股份出售而就其所得价金优先受偿的一种担保方式。股权虽不是单纯的财产权，但其中的财产权因为具有交换价值，因此得以作为质权的标的。

合伙企业财产份额可设立质权的条件：一是具有法定依据，《民法典》第440条列明了可供出质的权利形式；二是具有财产性，能够被转移占有、适于设质，具有物质性；三是具有可转让性，具有交换价值并可依法转让。

质权设立方式。质权的灵魂在于占有，占有时质权设立。对于无形的权利来说，质权的占有方式又分为以下两种情形：对于有权利载体的，如汇票、本票等，设立质权时只需交付权利凭证即可；对于没有权利载体的，则采用登记方式，意向社会公示其占有情况。因此，合伙企业财产份额的出质由于无法转移占有，需要登记才能成立。

出质的限制条件。《合伙企业法》规定，普通合伙企业的合伙人以其在合伙企业中的财产份额出质的，须经其他合伙人一致同意；未经其他合伙人一致同意的，其行为无效，由此给善意第三人造成损失的，由行为人依法承担赔偿责任；而有限合伙人可以将其在有限合伙企业中的财产份额出质，但是合伙协议另有约定的除外。因此，在质押办理中要注意其他合伙人对出质人出质财产份额的意见和合伙协议中对财产份额出质的约定。

法条链接

《中华人民共和国民法典》

第四百四十条　债务人或者第三人有权处分的下列权利可以出质：

（一）汇票、本票、支票；

（二）债券、存款单；

（三）仓单、提单；

（四）可以转让的基金份额、股权；

（五）可以转让的注册商标专用权、专利权、著作权等知识产权中的财产权；

（六）现有的以及将有的应收账款；

（七）法律、行政法规规定可以出质的其他财产权利。

18 借贷关系中借款人不能偿还借款时，借款中介平台方承诺先行垫付性质如何认定？

互联网正在改变金融活动的游戏规则，随之而来，与互联网金融有关的各类纠纷也将成为民商审判的热点。

传统的民间借贷是指由出借人和借款人直接达成借款协议，中间通常没有第三方。互联网金融借款P2P，出借人和借款人通过互联网借款中介平台达成借款协议。出借人和借款人是借贷法律关系；平台和借贷双方签订居间合同，是居间法律关系。

但若互联网借款中介平台，在平台公开承诺其借款人逾期还款，其将在逾期30日内履行垫付代偿义务。那么互联网借款中介平台是否承担担保责任？

案件介绍

“赢贷通”系被告赢贷通网络服务公司设立经营的网络贷款平台。徐某玲在该网络贷款平台注册的账号名称为“叶茂”，孙某韩在该网络贷款平台注册的账号名称为“孙某韩”。2018年8月6日，孙某韩作为乙方，与甲方（出资人）及丙方（居间方）赢贷通网络服务公司签订一份书面《借款协议》。2018年8月7日，徐某玲通过“赢贷通”网络贷款平台投标，形成电子《借款协议》。“赢贷通”网络平台的“帮助中心”，载明以下内容：“借款人逾期了怎么办？答：若借款人逾期，则推荐借款项目的担保机构或本平台会在逾期后的30个工作日内代偿该期本金、收益。”

孙某韩仅支付了五期利息（每期525元），未支付最后一期利息，到期也未向徐某玲偿还借款本金，徐某玲遂诉至本院，请求法院判令被告孙某韩归还借款本金和利息，被告赢贷通网络服务公司对上述全部债务承担连带责任。

裁判结果

法院最终认为，被告赢贷通网络服务公司在借款协议中系居间人，但其作为网络借贷平台的提供者，在网页上明确表示，“若借款人逾期，则推荐借款项目的担保机构或本平台会在逾期后的30个工作日内代偿该期本金、收益”。鉴于此，法院认定，原告徐某玲要求被告赢贷通网络服务公司对借款人的上述债务承担连带给付责任的诉讼请求合法有据，本院予以支持。

律师点评

《民间借贷司法解释》第21条对网络借款平台的责任予以了明晰，规定“借贷双方通过网络贷款平台形成借贷关系，网络贷款平台的提供者仅提供媒介服务，当事人请求其承担担保责任的，人民法院不予支持。网络贷款平台的提供者通过网页、广告或者其他媒介明示或者有其他证据证明其为借贷提供担保，出借人请求网络贷款平台的提供者承担担保责任的，人民法院应予支持”。

根据上述规定，对于仅提供媒介服务的网络贷款平台提供者，认定其无须承担担保责任。从合同类别上看，仅提供媒介服务的网络贷款平台与网站用户之间形成的合同是居间合同。

但如果网络贷款平台通过网页、广告明示的形式为贷款提供担保，那么出借人就可以要求其承担担保责任。因为在此种情况下，出借人是出于对网络贷款平台的提供者担保的信任才借出款项，其信赖利益值得法律保护，因此应当认定在网络平台提供者与出借人之间订立了担保合同。

值得一提的是，我国新颁布的《民法典》第685条第2款将《民间借贷司法解释》第21条与其他司法实践进行归纳总结，并新增了“第三人单方以书面形式向债权人作出保证，债权人接收且未提出异议的，保证合同成立”的规定。应用于本案，网贷平台帮助中心的回复属于第三人对债权人作出的单方担保承诺，债权人也并无异议，因此保证合同成立。网贷平台理应对该笔债务承担保证责任。《民法典》的该条规定厘清了当事人之间的权利义务关系，对未来审理互联网金融借贷案件有着重要的指导意义。

法条链接

《中华人民共和国民法典》

第六百八十五条　保证合同可以是单独订立的书面合同,也可以是主债权债务合同中的保证条款。

第三人单方以书面形式向债权人作出保证,债权人接收且未提出异议的,保证合同成立。

《最高人民法院关于审理民间借贷案件适用法律若干问题的规定》

第二十一条　借贷双方通过网络贷款平台形成借贷关系,网络贷款平台的提供者仅提供媒介服务,当事人请求其承担担保责任的,人民法院不予支持。

网络贷款平台的提供者通过网页、广告或者其他媒介明示或者有其他证据证明其为借贷提供担保,出借人请求网络贷款平台的提供者承担担保责任的,人民法院应予支持。

第六章

揭开借贷关系上的面纱

19 以他案之名行借贷之实，如何确定本金利息？

在实务中，经常会出现为了规避借贷法律关系的限制，而用其他法律关系将其掩盖的行为。出现这种情况，法律关系的改变将会导致本金和利息的计算方式出现巨大偏差，给当事人造成巨大损害，实务中应该如何处理？

从本质上讲，借贷意味着资金融通，民间借贷法律关系是一种债的关系，其形成意味着出借人将其所有物转移给借款人。在司法实践中大量存在通过签订买卖合同为当事人之间的借贷行为提供担保的行为，且在现有的法律框架内，正确地识别借贷行为，公平地处理此类案件一直颇具难度。

实务中，利用房屋买卖合同来为借贷关系提供担保主要有两种形式：一种是双方仅仅签订一份房产买卖合同，合同中明确以房屋买卖来担保借贷合同的履行；另一种是签订两份协议，一份是借贷协议，另一份是房产买卖合同。

实际上，判断某个行为的法律关系的性质，不应受制于当事人之间签订合同的外观与名称，而应当根据当事人的真实意思表示和合同的实质内容来判定。如上所言，此类案件法律关系实质是用商品房买卖合同来为借贷合同提供担保，应当说，这一担保方式不属于《民法典》所规定的几类法定担保方式。那么，对借贷合同发生担保作用的是商品房买卖的标的物房屋,还是该合同所对应的债权成为确定这一行为性质的关键。

案件介绍

2012年9月23日,豪立公司(甲方)与牛石公司(乙方)及协晟集团、徐某作为担保人签订《房屋转让合同》一份,约定甲方同意向乙方转让其开发和合法所有的某房屋。双方同意按以下方式分期支付房款:乙方于本合同签订生效3日内支付房款3000万元整;于本合同房产经相关管理部门通过全面验收合格时,支付剩余款项1740万元。甲、乙双方同时约定,甲方在本合同签署生效之日起5个月内可以回购本合同房产并解除合同,回购总价为5340万元。后牛石公司向豪立公司支付房屋转让款。但豪立公司不仅没有按约回购本合同房产,也没有按约交付合同房产。牛石公司最终诉至法院,要求豪立公司返还房屋转让款并赔偿违约金5565万元。豪立公司辩称双方以房屋买卖为名,实为借贷关系,故而不应以房屋买卖纠纷起诉。

法院认为,本案争议焦点:(1)关于本案所争议的《房屋转让合同》的定性问题。豪立公司与牛石公司签订《房屋转让合同》转让总价款为4740万元。同时又约定,甲方在本合同签署生效之日起5个月内可以回购本合同房产并解除合同,回购总价为5340万元。首先,《房屋转让合同》约定豪立公司在5个月内可以回购房产,但回购价比转让价高出600万元。一般房屋买卖合同买受人的目的是取得房产,不会约定回购条款,且该回购条款的回购期限仅限5个月内,价格却上涨600万元,明显超出一般正常的房价预期涨幅。另外,合同保证人曾出具的《承诺书》中亦将保证豪立公司回购作为第一点,在无法保证回购时,才配合完成交付房产等。由此可见,双方约定的合同履行路径:牛石公司支付3000万元给豪立公司,名义为房屋转让款。在5个月内,豪立公司支付牛石公司3600万元,名义为回购转让的房屋,因为牛石公司的目的在于取得固定的本息回报,故对该期间内房产由豪立公司掌握予以认可。故本案系以房屋买卖为名,实为民间借贷纠纷的定性并无不当。(2)关于本案所争议的《房屋转让合同》的效力问题。据上,本案系以房屋买卖为名的民间借贷纠纷。双方签订《房屋转让合同》的目的在于规避法律对民间借贷合同的利息上限,属于原《合同法》第

52 条第 3 项“以合法形式掩盖非法目的”的无效合同。[1]

裁判结果

牛石公司以房屋买卖为基础法律关系，经法院释明也不同意改变基础法律关系，故其要求豪立公司偿还房屋转让款及违约金等的全部诉讼请求，难以支持。裁判结果驳回牛石公司的全部诉讼请求。

律师点评

上述案件中是典型的“名为房屋买卖合同纠纷，实为民间借贷纠纷”而产生的诉讼，原告在法院释明后拒不变更诉讼请求，故被法院一审裁定驳回起诉。在此种情况下，应当及时地变更诉讼请求，在变更诉讼请求后可以根据现在的证据按变更后的诉讼请求进行主张并提供证据。但若变更，则不能根据房屋买卖合同纠纷索赔高额违约金，只能根据民间借贷相关法律索赔利息。

根据《民法典》第 143 条第 2 项之规定，当事人意思表示真实是民事法律行为有效的条件之一。在通常的房屋买卖交易中，追溯当事人签订《商品房买卖合同》时的真实意思表示（购房目的），对于案件法律关系的界定至关重要。在房屋买卖关系中，房地产开发商想要出售房屋，而买受人欲购买房屋，那么双方的真实意思表示应该是一方想要转移房屋的所有权，而另一方支付对应价款。所以，这双方之间基于处分房产的合意，才是买卖双方的真实意思表示。

但是，在融资借贷关系中，双方以签订商品房买卖合同的形式为借款提供担保，可见双方的真实意思表示是以房屋作为借款的担保。在实务中，对于买卖双方所签合同真实意思表示的推定，《民法典》第 153 条、第 154 条采取了反向列举的推定方法，即除违反法律、行政法规的强制性规定、违背公序良俗及行为人与相对人恶意串通，损害第三人合法权益的行为外，法律默示当事人所签订的合同系真实的意思表示。

在面对案件时，我们主要需要考虑以下几点。

（一）价格因素

买卖双方交易的对价应遵循《民法典》第 6 条规定的公平原则。真实购房

---

〔1〕 现《民法典》已无此条。

合同中的购房价格应符合市场行情，在价值规律合理的区间内上下浮动；而融资借款关系中对于价格的约定多为整数；且价格严重偏离市场行情（或高或低），明显与正常的交易认知、交易习惯不符。

（二）资金往来因素

在真实购房情况下，应是买受人向房屋开发商支付房屋价款，且款项流动系单方且不可逆；而融资借款项下，资金往来密集，常双向流动，有约定优惠返款或回购条款。尤其是在《商品房买卖合同》中约定了部分回购条款。换言之，房地产开发商在合同约定的条件成就时可以部分回购房屋，那么此时房屋的所有权则由房地产开发商和出借人按份共有，明显有悖于正常的购房习惯，也从侧面印证了不是真实的房屋买卖关系。

（三）实际占有因素

真实购房合同下，在房屋达到交付条件后，即使在未办理房屋产权转移登记的情况下，买受人也会实际占有、支配、控制案涉房屋；而融资借款项下，基于借款关系及开发商回笼资金的需要，房屋一般都不会实际交付，但出借方为确保开发商能偿还欠款，多会办理房屋备案手续或者预告登记，作为融资借款的担保。

（四）合同设立权利义务强弱的因素

在商品房买卖合同中，由于房地产开发商处于强势地位，其主导的网签合同过于强调权利条款，而弱化责任承担的条款；然而，在融资借款合同中，是以签订房屋买卖合同为外在表现形式。但是实质上，此时的出借方，也就是买受人（出借人）处于强势地位，多会在合同中增设部分权利条款：按实际使用天数计算利息，可部分或全部回购案涉房屋或借款方为销售需要，可以替换案涉房屋等。

因此，对于合同中基础法律关系的认定，要综合合同的内容、权利义务的设定及实际履行的过程，并从维持房屋现状的角度来考量、判断房屋的所有权归属。

法条链接

《最高人民法院关于审理民间借贷案件适用法律若干问题的规定》

第二十三条　当事人以订立买卖合同作为民间借贷合同的担保，借款到期后借款人不能还款，出借人请求履行买卖合同的，人民法院应当按照民间借贷法律关系审理。当事人根据法庭审理情况变更诉讼请求的，人民法院应当准许。

按照民间借贷法律关系审理作出的判决生效后，借款人不履行生效判决确定的金钱债务，出借人可以申请拍卖买卖合同标的物，以偿还债务。就拍卖所得的价款与应偿还借款本息之间的差额，借款人或者出借人有权主张返还或者补偿。

20 法定代表人以个人名义进行借款，公司是否需要承担责任？

公司的法定代表人或负责人是公司中的“特殊人群”，既具有普通自然人的身份，又具有公司代表人的身份。假设公司的法定代表人或负责人以个人名义借款，到期后未能清偿，债权人该向谁主张还款责任？公司还是法定代表人或负责人本人？借款用途对此又有何影响？

民间借贷中，名义借款人和实际用款人经常脱节。如果仅仅要求名义借款人承担还款责任，则极有可能出现名义借款人无力偿还，实际用款人逍遥法外、出借人权利无法保障、社会公平难以实现的不良现象。因此，《民间借贷司法解释》第22条第1款规定，法定代表人或负责人以单位名义与出借人签订民间借贷合同，有证据证明所借款项系法定代表人或者负责人个人使用，出借人请求将法定代表人或者负责人列为共同被告或者第三人的，人民法院应予准许。

合同相对性原理是民法领域的一项重要原理，不应随便突破。据此，有观点认为，企业法定代表人以企业名义借款的，原则上由企业来偿还债务。因为在经济社会，奉行的基本原则是“谁欠的债务谁来偿还”。审查的基本原则为审查借款人的名义。通常情况下，以谁的名义借款，根据合同相对性原理，就由谁来偿还……有的法定代表人虽以企业名义借款，但所借款项却用于个人生活和消费，企业被掏空成空壳。这种情况下，不能突破合同相对性原理，仍应列企业为当事人。本条规定作为合同相对性的一个例外情形，将实际用款人列为共同被告或第三人，在一定程度上“刺破合同相对性的面纱”。

法院在适用该款规定时，既要循名又要责实：无论名义上的合同当事人是否为实际的借款使用人，民间借贷合同的效力和出借人的合同权利都不会受到影响，名义借款人必须承担还款责任；如果能够证明企业法定代表人或负责人以企业名义签订借款合同后,所借款项个人使用的,法院可应出借人的请求将该法定代表人或负责人列为共同被告或第三人。

若出借人只请求企业偿还的,不能因由合同相对性原理、企业的“举债者”身份和企业对个人承担的管理责任而直接判决企业承担偿还责任,此时应引入利益衡量的考量。人民法院应全面把握企业名义借款人身份、企业对个人的管理责任、企业经营状态、个人所起的作用、个人实际用款人身份、社会公共利益等,审慎平衡出借人利益、名义借款人利益和社会公共利益三者之间的关系,对案件作出综合判断。若企业处于正常经营状态且出借人请求与社会公共利益无涉的,司法应尊重当事人的诉讼处分权,可予以支持;企业向债权人偿还后,有权向个人追偿;个人因此造成企业其他损失的,也应当一并向企业偿还。若企业处于异常经营状态(含破产)而出借人请求损及社会公共利益的,可不予支持。

案件介绍

2012 年 12 月 31 日,朱某向汪某借款 40 万元并出具借条,借条中有汪某及其名下培业电器公司公章。后朱某陆续又向汪某借款 20 万元,在原借条上添加借款内容,签名并加盖培业电器公司公章。2018 年 8 月 1 日朱某又向汪某重新开具一张 60 万元借条,并约定利息。后朱某因患病去世,汪某最终诉至法院,要求朱某妻子、其他继承人及培业电器公司偿还借款 60 万元,并偿还利息。

本案争议焦点有二:一是本案借贷双方之间是否形成有效的借贷关系?二是本案借贷性质是企业借款还是共同借款?

关于本案借贷双方之间是否形成有效的借贷关系,法院认为,本案借贷事实有原告提供的借条予以证实,并有证人证言予以佐证。原告提供的形成于 2012 年 12 月 31 日的借条上,存在朱某及培业电器公司签章。原告提供的形成于 2016 年 8 月 1 日的借条上,虽然存在利息计算错误等瑕疵,但该借条内容是对前一张借条内容的确认和调整,并非意图形成新的借贷关系,两张借条内容可以相互印证。被告虽辩称系朱某制作的虚假借条,但从两张借条的形成过程和书写内容来看,借条并非一次所写,而是用“增加”“又拿”等词语多次对前期借款事实予以确认,时间跨度 2012 年 12 月 31 日、2013 年 8 月 5 日、2015 年 5 月 30 日、2016 年 8 月 1 日等多个时间点,显非临时制作的虚假借条。

关于本案借贷性质是企业借款还是共同借款,法院认为,根据原告在庭审中的陈述和证人证言,本案借贷关系发生前,原告与朱某并不相识,其因朱某缺钱,需要借钱,所以才答应出借款项。几次借款均系现金交付、借款用途是用于购买培业电器公司生产所需要的原材料,以及朱某是培业电器公司的法定代表人等情形,法院认定本案借贷系原告向培业电器公司出借款项。原告关于借款时朱某提供上海市某房地产权证复印件给原告证明其有还款能力,原告才出借款项,证实是朱某个人借款行为的主张,但该产权证复印件上登记的权利人并非朱某本人,也无朱某以该房产作为借款担保的相关意思表示,原告该主张理由不足,法院难以采信。原告关于其是将款项出借给朱某个人,由培业电器公司签章确认作为还款保障,系朱某和培业电器公司共同借款的主张,因原告与朱某事先并不相识,其愿意连续出借大额款项给朱某个人,与常理不符,原告所提供的借条上也无培业电器公司签章作为还款保障的意思表示,原告也未提供证据证明其所出借款项系用于朱某的个人或家庭使用,故法院无法认定系争借款系朱某生前个人债务,因此也不能以形成于朱某和朱某妻子婚姻存续期间,属于夫妻共同债务为由,要求被告朱某妻子承担共同偿还责任。

裁判结果

对于该案,法院最终判决被告培业电器公司归还原告汪某借款本金600,000元并以600,000元为基数,按照年利率6.66%支付原告利息。

律师点评

从目前的司法实践来说,常有公司法定代表人或负责人为公司的发展而到处借款的案例,对于公司而言,在一定程度上公司管理或限制好这类"特殊主体"就显得尤为重要。相反,对于出借人而言,一旦涉及公司法人的借款纠纷,如何确定具有还款义务的主体对于保障自己的利益至关重要。公司法定代表人或负责人是特殊的"主体",既具有普通自然人的身份,又具有公司代表人的身份。若以个人名义签署借款合同,并非所有的债务均与公司无关。

由此看出,公司的法定代表人或者负责人以个人名义向他人借款,所借款项的用途十分关键,一旦用于公司的生产经营,那么公司将很可能需要和法人共同承担责任。

在“公章崇拜论”作祟之下,最常见的就是以下几种情况:

1. 企事业单位负责人以个人名义借款,一些法官仅仅因为借款人是单位负责人就将偿债义务判定“转嫁”于单位;

2. 借据虽有公司公章和法人代表签字,但借款没有任何入账证明,借款是否实际发生或进入他人账户都没有查清,法官即简单认定为单位债务;

3. 项目部经理不当举债甚至虚假举债,法官仅凭“项目部公章”判决由公司为其买单,而免除项目经理个人偿债义务;

4. 借款虽然进入项目部账户,但随后即转出至个人账户,并未实际用于项目,而法官仍然判定借款本息由公司偿还;

5. 项目部负责人采取虚列的材料款和民工工资的形式套取公司款项,法官仅凭清单上加盖的公章而判定由公司支付。

延伸另外一种情形:若公司法定代表人以公司名义借款为个人所用,这也是违法的,甚至是属于触犯刑法的行为,存在犯罪的法律风险。对民间借贷合同而言,如果合同明确记载了借款人为企业,亦没有证据证明借款的实际用途系用于法定代表人个人,即使该合同仅由法定代表人签字,而没有加盖公司印章,通常也应将公司而不是法定代表人个人,确定为借款合同的当事人。公司法定代表人的行为代表公司,只要该法定代表人是以公司的名义做出的,均可视为公司的行为。法定代表人或负责人超越了代表权限实施民事法律行为的,善意相对人基于一定客观事实有正当理由相信其没有超越代表权限的,其代表行为有效,构成表见代表。

公司法定代表人的身份不能滥用,不得损害公司的合法权益,即法定代表人不能以公司的名义为自己或为其他与公司无关的第三方谋取不正当利益,不得因此让公司蒙受重大损失,否则将面临刑事处罚的风险。

法条链接

《中华人民共和国民法典》

第六十一条　依照法律或者法人章程的规定,代表法人从事民事活动的负责人,为法人的法定代表人。

法定代表人以法人名义从事的民事活动,其法律后果由法人承受。

法人章程或者法人权力机构对法定代表人代表权的限制,不得对抗善意相对人。

《最高人民法院关于审理民间借贷案件适用法律若干问题的规定》

第二十二条　法人的法定代表人或者非法人组织的负责人以单位名义与出借人签订民间借贷合同，有证据证明所借款项系法定代表人或者负责人个人使用，出借人请求将法定代表人或者负责人列为共同被告或者第三人的，人民法院应予准许。

法人的法定代表人或者非法人组织的负责人以个人名义与出借人订立民间借贷合同，所借款项用于单位生产经营，出借人请求单位与个人共同承担责任的，人民法院应予支持。

《中华人民共和国刑法》

第二百七十二条第一款　【挪用资金罪】公司、企业或者其他单位的工作人员，利用职务上的便利，挪用本单位资金归个人使用或者借贷给他人，数额较大、超过三个月未还的，或者虽未超过三个月，但数额较大、进行营利活动的，或者进行非法活动的，处三年以下有期徒刑或者拘役；挪用本单位资金数额巨大的，处三年以上七年以下有期徒刑；数额特别巨大的，处七年以上有期徒刑。

第七章

民间借贷的利率与利息

21 借贷合同未约定逾期利息，还能索要吗？

逾期利息是一种对借款人未按约还款的惩罚措施，是借款人向出借人支付的超期罚息，逾期利率是逾期利息的计算依据和标准，确定了逾期利率，就可以计算出具体逾期利息的金额。在双方当事人对逾期利率有约定的情况下，只要未超过合同成立时一年期贷款市场报价利率4倍，自然遵从其约定，但当对逾期利率未进行约定的情况下，逾期利息应如何计算呢？

逾期利息，是指借款人不按照合同的约定归还借款的超期罚息。逾期利息相对于逾期借款而言，逾期借款是指借款人未按借款合同的约定期限返还给贷款人款项的行为。承担违约责任的方式包括返还借款本金、支付合同约定的借款期间的利息及支付借款逾期部分的利息。

对于借款合同来说，借款人返还借款及支付利息系其合同义务，在借款合同到期后，借款人迟延偿还借款及支付利息，应承担相应的违约责任。《民法典》第584条规定，当事人一方不履行合同义务或者履行合同义务不符合约定，造成对方损失的，损失赔偿额应当相当于因违约所造成的损失，包括合同履行后可以获得的利益；但是，不得超过违约一方订立合同时预见到或者应当预见到的因违约可能造成的损失。对于借款人逾期返还借款,给出借人所造成的损失范围应为出借人可以继续出借该款项而获得的利息。在民间借贷实践中,如果出借人将所出借的款项收回后进一步对外出借,则其可以获得该部分款项基于合同所约定借期内利率而计算的利息,而承担基于合同约定借期内利率所计算的迟延利息,对于民间借贷的借款人来说,亦能够预见到。因此,在民间借贷纠纷中,借款人迟延清偿欠款,判决其承担按照合同约定履行期内的利率支付迟延利息,符合法律所确定的违约损害赔偿责任。《民法典》第676条规定,借款人未按照约定的期限返还借款的,应当按照约定或者国家有关规定支付逾期利息。该条规定的理论基础也是基于借款人迟延了返还借款的违约责任而加以设定的。该条中按照约定体现了尊重当事人意思自治的原则。而该条中"按照国家有关规定"支付逾期利息,在民间借贷的迟延利息计算上,当然包括了根据《民法典》第584条规定的原则来确定出借人的违约损失。

案件介绍

2012年8月20日,李某与永瑞公司签订《借款合同》和《借款补充协议》,约定:李某向永瑞公司出借1亿元;借款期限自李某实际交付款项之日起至2013年8月25日止;借款利率为月利率2%。合同签订后,李某共计向永瑞公司出借款项1.2亿元,永瑞公司向李某偿付本息共计6000万元。李某向甘肃省高级人民法院提起诉讼,请求判令:永瑞公司偿还李某借款本金1.05亿元;永瑞公司依照合同约定向李某支付直至借款本金实际偿还之日的利息,利息暂计算至2015年8月31日为4000万元。

甘肃省高级人民法院组织双方当事人对借款本金及利息进行了核算,双方共同确认:借款本金1.03亿元,自2013年12月26日起至2015年8月31日止的利息4183万元。甘肃省高级人民法院判决:永瑞公司偿还李某借款本金1.03亿元,利息4183万元;2015年8月31日之后的利息按借款月利率2%算至实际履行之日;如果未按判决指定的期间履行给付金钱义务,应当按照《民事诉讼法》第253条之规定,加倍支付迟延履行期间的债务利息。永瑞公司不服甘肃省高级人民法院判决,向最高人民法院提起上诉。

最高人民法院认为,本案争议焦点:原判决确定永瑞公司应负担的利息数额是否正确。《民间借贷司法解释》(2015版)第29条第2款规定,未约定逾期利率或者约定不明的，人民法院可以区分不同情况处理：(1)既未约定借期内的利率，也未约定逾期利率，出借人主张借款人自逾期还款之日起按照年利率6%支付资金占用期间利息的，人民法院应予支持；(2)约定了借期内的利率但未约定逾期利率，出借人主张借款人自逾期还款之日起按照借期内的利率支付资金占用期间利息的，人民法院应予支持。本案中，双方在《借款合同》中仅约定了借期内利率，但未约定逾期利率，原判决根据李某的主张认定在2015年8月31日后按照《借款合同》约定利率即月息2%计算利息，并无不当。

裁判结果

最高人民法院判决驳回上诉，维持原判。

律师点评

本案败诉的原因主要有二：

首先，约定了借期内利率未约定逾期利率的，按借款期内利率支付逾期利息。《民间借贷司法解释》第28条第2款第2项规定："约定了借期内的利率但未约定逾期利率，出借人主张借款人自逾期还款之日起按照借期内的利率支付资金占用期间利息的，人民法院应予支持。"本案中双方在《借款合同》中仅约定了借期内利率，但未约定逾期利率，因此最高人民法院根据上述规定认定在2015年8月31日后永瑞公司应当按照《借款合同》约定利率计算逾期利息。

其次，根据《民事诉讼法》的相关规定，未按判决书指定的时间履行给付金钱义务，应当加倍支付迟延履行期间的债务利息，包含一般债务利息和加倍部分利息，加倍部分利息需按日万分之一点七五的利率支付。因此，永瑞公司如不按时履行生效法律文书确定的义务，不仅需要按月2%的利率支付迟延履行期间利息，还应按日万分之一点七五的利率支付加倍利息。

对于借款期限外的逾期利率的标准，法院之前一般会依据最高人民法院于1991年8月13日发布的《关于人民法院审理借贷案件的若干意见》第6条"民间借贷的利率可以适当高于银行的利率，各地人民法院可根据本地区的实际情况具体掌握，但最高不得超过银行同类贷款利率的四倍(包含利率本数)。超出此限度的，超出部分的利息不予保护"的规定。

随着新《民间借贷司法解释》于 2015 年 9 月 1 日的施行及 2020 年的修改，1991 年的《关于人民法院审理借贷案件的若干意见》业已废止。裁判机构支持的利率标准也确定为合同成立时一年期贷款市场报价利率 4 倍，因此，若按照新的《民间借贷司法解释》，超过该限制的利息法院均不予支持。由此可知，《民间借贷司法解释》第 28 条第 2 款第 2 项规定出借人可以主张逾期利率按照期内利率进行计算，对期内借款利率的上限规定同样适用于对逾期利率标准的限制。

在上述案例中，最高人民法院在裁判意见中提到，合同约定的借款期限内的利息，与合同期满后未偿还借款而产生的逾期利息，不是同一概念。前者为当事人约定的利息，当事人可以约定，也可以不约定，不约定或者约定不明确的，视为不支付利息；后者为法定利息，是对逾期不还借款违约行为造成损害的补偿，是强制性的法律规定，只要逾期还款，逾期利息即依法产生，并要偿付给出借人。若双方当事人对逾期利息的支付标准进行了明确约定，当借款人未按期还款，便要按约定的逾期利率向出借人支付逾期利息，此时，逾期利息具有违约金的功能，但逾期利息并不同于违约金，因为违约金的标准依法定或双方在合同中书面约定，在法律没有特别规定的情形下均以双方当事人的约定为前提，而利息本质上是一种法定孳息，即无论双方是否进行了约定，出借人其实都可以主张，并不以双方的约定为前提。因此，逾期利息虽然具有一定的惩罚性，但从某种程度上讲，其实质上也是一种法定孳息，就算当事人之间没有约定，出借人也可以要求借款人按照期内利率支付资金占用期间的利息，这也是《民间借贷司法解释》第 28 条规定的理论前提，同时该条的规定也为事实上缺乏合同依据的逾期利息提供了相应的法律支撑。

为避免未来发生类似败诉，提出如下建议：

1. 民间借贷双方可以在合同中约定高于借期内利率的逾期利率，以督促借款人及时还本付息，但以不超过合同成立时一年期贷款市场报价利率 4 倍为限，超过部分法院不予支持。

2. 民间借贷合同未约定逾期利率，出借人仍可请求按照借期内利率支付逾期利息；如果未约定借期内利率，仍可请求参照当时一年期贷款市场报价利率标准计算的利息支付利息。

3. 借款人败诉后应及时按判决指定期间给付资金，否则，不仅要支付逾期利息，还要按日万分之一点七五的利率支付加倍利息。

法条链接

《人民法院办理执行案件规范》

155.【2014 年 8 月 1 日后产生的迟延履行期间债务利息的计算方法】

《最高人民法院关于执行程序中计算迟延履行期间的债务利息适用法律若干问题的解释》施行后(2014 年 8 月 1 日后)产生的迟延履行期间债务利息,包括迟延履行期间的一般债务利息和加倍部分债务利息。

迟延履行期间的一般债务利息,根据生效法律文书确定的方法计算;生效法律文书未确定给付该利息的,不予计算。

加倍部分债务利息的计算方法为:加倍部分债务利息 = 债务人尚未清偿的生效法律文书确定的除一般债务利息之外的金钱债务 × 日万分之一点七五 × 迟延履行期间。

22 民间借贷能预扣利息吗?什么是砍头息?

很多高利贷或者地下钱庄,给借款者放贷时先从本金里面扣除一部分钱,这部分钱俗称为"砍头息"。事实上,在很多民间借贷甚至金融借贷纠纷中,都会出现"砍头息",那砍头息是什么?又如何避免呢?

在民间借贷中,出借人为了确保自己利息的收回都会直接从出借的本金中扣除利息,此时,就会导致借款人实际借到的本金要低于约定的借款数额,同时借款过程中实际利率高于约定的借款利率。不仅如此,为了追求更高的利润,很多从事民间借贷的公司,也通常会以手续费、中介费等名义预先在借款本金中扣除一部分款项,以此突破法律的限制,以实现获取高额利息的目的。

砍头息是一种既常见又隐秘的贷款利息算法,说常见是因为很多借款人都有此遭遇,说隐秘是因为这部分钱经常是以服务费、手续费为幌子而非借款利息的名义。很多网贷公司为了吸引客户,会以低利息作为诱饵,然后利用砍头息狠狠地刮走一笔,这就是普遍高利贷平台还可以宣称贷款综合年利率仅 30% 的原因。

为什么砍头息这么离谱却依然存在？首先，在网贷行业，确实“砍头息”是一个屡禁不止的潜规则。在监管加强之后，不少平台开始将“砍头息”包装成咨询费、快速手续费、加速审核费等其他项目，变相收取高额利息。其次，是借款人的穷不择贷，只要能借到钱任何协议条款都不看，对放款人开出的条件忍气吞声无条件接受。

但实际上，这些都是被法律所明令禁止的行为。

1.《民法典》第670条规定：“借款的利息不得预先在本金中扣除。利息预先在本金中扣除的，应当按照实际借款数额返还借款并计算利息。”

2.《最高人民法院关于依法妥善审理民间借贷纠纷案件促进经济发展维护社会稳定的通知》第6条规定：“依法保护合法的借贷利息。人民法院在审理民间借贷纠纷案件时，要依法保护合法的借贷利息，依法遏制高利贷化倾向。

出借人依照合同约定请求支付借款利息的，人民法院应当依据原《合同法》和《最高人民法院关于人民法院审理借贷案件的若干意见》第6条、第7条的规定处理。

出借人将利息预先在本金中扣除的，应当按照实际借款数额返还借款并计算利息。当事人仅约定借期内利率，未约定逾期利率，出借人以借期内的利率主张逾期还款利息的，依法予以支持。

当事人既未约定借期内利率，也未约定逾期利率的，出借人参照中国人民银行同期同类贷款基准利率，主张自逾期还款之日起的利息损失的，依法予以支持。”

3. 最高人民法院《民间借贷司法解释》第26条规定：“借据、收据、欠条等债权凭证载明的借款金额，一般认定为本金。预先在本金中扣除利息的，人民法院应当将实际出借的金额认定为本金。”

4.《关于规范整顿“现金贷”业务的通知》第4条规定：“持续推进，完善P2P网络借贷信息中介机构业务管理。

（一）不得撮合或变相撮合不符合法律有关利率规定的借贷业务；禁止从借贷本金中先行扣除利息、手续费、管理费、保证金以及设定高额逾期利息、滞纳金、罚息等。……”

案件介绍

2015年8月19日，王某、杨某、吴某、某酒店签订《借款合同》，约定杨某向王某借款20万元，借款期限3个月，如杨某不按期归还借款，应按未还款项10%计算资金占用费和违约金。吴某、某酒店作为保证人，为杨某借款提供连带责任保证。当日，王某将借款20万元转账支付给杨某，杨某立即向王某支付2万元，且出具收条一份，确认收到王某20万元。借款到期后，杨某未按约定向王某偿还借款20万元。

王某于2017年6月向贵州省赤水市人民法院起诉，要求杨某偿还借款20万元并按10%支付违约金2万元，吴某、某酒店承担连带清偿责任。案件审理过程中，杨某对借款本金20万元不予认可，认为借款本金应为18万元。

赤水市人民法院经审理认为，王某主张借款本金为20万元，并提供借款合同、转款凭证、收条等佐证，而杨某辩称借款当日按月利率10%扣除当月利息2万元，实际借款本金应为18万元，但王某不予认可，且杨某未提供证据予以证明，故双方的借款本金应为20万元。据此判决：杨某在判决生效之日起10日内偿还王某借款本金20万元，并支付资金占用费、违约金2万元。

宣判后，杨某不服，提起上诉。在二审审理过程中，王某认可杨某在收到借款20万元后随即支付2万元一事。贵州省遵义市中级人民法院二审认为，虽王某转账支付20万元给杨某，但杨某收款后当即支付2万元，杨某实际收款只有18万元，故借款本金应为18万元。

裁判结果

最终二审法院改判：杨某在判决生效之日起10日内偿还王某借款本金18万元，并支付资金占用费、违约金1.8万元。

律师点评

出借人先将借款合同上载明的借款本金（以下简称书面本金）支付给借款人，再立即要求借款人支付利息，出借人在提供借款时并未直接扣除利息，而是将书面本金全部支付给借款人，此种情况下，借款人所付利息，是否属于出借人预先扣除的利息；借款本金是书面本金，还是书面本金在扣除借款人所付利息后的余下部分，对此实务中有不同认识。笔者认为，出借人是否存在预先在本金中扣除利息的行为，不应简单从借贷双方交易形式上判断，还应从合同目的、公平原则、立法目的等方面综合分析。就本案而言，出借人要求借款人收到借款后立即支付利息的行为，目的是通过正常的交易表象，规避《民法典》第670条的强制性规定，这属于变相预先扣除利息，与预先在本金中扣除利息的实质相同。

1. 借款人的借款目的是通过资金的占有、使用创造更大的价值，最终在还本付息后实现盈利。这既是金融活动产生的基本动机，也是市场经济和法治社会下金融活动的重要功能。本案中，杨某在收到借款后，立即按王某的要求支付利息，杨某并未完全占有借款，更谈不上使用全部借款创造价值，对杨某而言，这是在享受到权利前便开始履行义务。杨某无法完全享有使用借款的权利，根据民法中的公平原则，其不应全部承担使用借款的义务。

2. 借贷双方未约定支付利息时间。《民法典》第510条规定："合同生效后，当事人就质量、价款或者报酬、履行地点等内容没有约定或者约定不明确的，可以协议补充；不能达成补充协议的，按照合同相关条款或者交易习惯确定。"现实生活中，借款通常是按月付息。按《民法典》第674条的规定，借款期间不满1年的，应当在返还借款时一并支付利息。从常理来看，只要出借人不利用优势地位要求借款人提前支付利息，借款人不会提前支付，即使提前支付，也不会在借款刚开始便支付。本案中，杨某提前支付利息，显然是王某利用优势地位，给杨某确定的不平等的合同内容。

3. 从《民法典》合同编有关规定的立法目的来考虑。民间借贷案件中，预先扣除利息的通常做法为出借人在提供借款时就直接将利息扣除，借款人并未收到书面本金，收到的只是扣除利息后的余下部分。但社会发展迅速，法律却相对滞后，法律制定之时无法对所有社会行为进行规范，故对法律无明确予以规范的行为应透过表象看其实质，并基于立法目的予以评判，而不是简单、机械地适用法条，给侥幸者可乘之机。本案中，王某要求杨某收到借款后立即支付利息，影响了杨某使用资金，损害了杨某的合法利益，加重了杨某的负担，王某的做法与预先在本金中扣除利息的行为的实质是相同的，按相关立法目的，对此做法应予以否定。

法条链接

《中华人民共和国民法典》

第六百七十条　借款的利息不得预先在本金中扣除。利息预先在本金中扣除的,应当按照实际借款数额返还借款并计算利息。

《最高人民法院关于审理民间借贷案件适用法律若干问题的规定》

第二十六条　借据、收据、欠条等债权凭证载明的借款金额,一般认定为本金。预先在本金中扣除利息的,人民法院应当将实际出借的金额认定为本金。

23　民间借贷中,已支付的高额利息要退吗?

民间借贷的案例中,我们有时会遇到这样的情况:当事人因为种种原因,未计算利息直接按照对方的要求支付本息,等明白之后计算才发现吃了大亏。借贷中因不谨慎或者受到欺诈等种种原因发生这种情况的不在少数,那么遇到这种情形我们应该如何处理呢?

在法律上对利息尽可能地意思自治,只要双方达成合意,法律一般对其不加以限制,但为了维护市场的平衡公平,最高人民法院新的《关于修改〈关于审理民间借贷案件适用法律若干问题的规定〉的决定》出台后,以 2020 年 8 月 20 日为界,新受理的一审民间借贷案件,对分别成立于 2020 年 8 月 20 日前后的借贷合同,规定当事人可以分别请求适用不同的利率。

对受理于 2020 年 8 月 20 日前的民间借贷案件,当事人可以主张的利息保护区域分为:(1)司法保护区,即年利率在 24%(包括本数)以下的,受法律保护,一旦借款人未按照约定支付利息,出借人可通过诉讼方式主张权利,可获得法院支持。(2)自然债务区,即年利率在 24% ~36%(包括 36%)之间的,若借款人已经将超过 24% 的利息支付出借人,则无权要回;若借款人未支付超过 24% 的部分,出借人也无权请求支付超过 24% 部分的利息。(3)无效区,即年利率超过 36% 的,超过部分无效。此时,若借款人已将利息支付给了出借人,可以通过诉讼的方式,将超过部分追回。

而2020年8月20日之后受理的案件则要按照合同成立时间来确定利息保护标准。(1)若合同成立于2020年8月20日之前,则从合同成立日至2020年8月19日的利息仍然适用“两线三区”的保护规则,而2020年8月20日以后的部分则适用起诉时本规定的利率保护标准进行保护。(2)若合同成立于2020年8月20日之后,则适用合同成立时一年期贷款市场报价利率4倍标准进行保护。对于超过此标准的利息主张不予支持。

法条链接

《最高人民法院关于审理民间借贷案件适用法律若干问题的规定》

第二十五条 出借人请求借款人按照合同约定利率支付利息的,人民法院应予支持,但是双方约定的利率超过合同成立时一年期贷款市场报价利率四倍的除外。

前款所称“一年期贷款市场报价利率”,是指中国人民银行授权全国银行间同业拆借中心自2019年8月20日起每月发布的一年期贷款市场报价利率。

第二十七条 借贷双方对前期借款本息结算后将利息计入后期借款本金并重新出具债权凭证,如果前期利率没有超过合同成立时一年期贷款市场报价利率四倍,重新出具的债权凭证载明的金额可认定为后期借款本金。超过部分的利息,不应认定为后期借款本金。

按前款计算,借款人在借款期间届满后应当支付的本息之和,超过以最初借款本金与以最初借款本金为基数、以合同成立时一年期贷款市场报价利率四倍计算的整个借款期间的利息之和的,人民法院不予支持。

第二十九条 出借人与借款人既约定了逾期利率,又约定了违约金或者其他费用,出借人可以选择主张逾期利息、违约金或者其他费用,也可以一并主张,但是总计超过合同成立时一年期贷款市场报价利率四倍的部分,人民法院不予支持。

第三十一条 本规定施行后,人民法院新受理的一审民间借贷纠纷案件,适用本规定。

2020年8月20日之后新受理的一审民间借贷案件,借贷合同成立于2020年8月20日之前,当事人请求适用当时的司法解释计算自合同成立到2020年8月19日的利息部分的,人民法院应予支持;对于自2020年8月20日到借款返还之日的利息部分,适用起诉时本规定的利率保护标准计算。

本规定施行后,最高人民法院以前作出的相关司法解释与本规定不一致的,以本规定为准。

24 民间借贷能否在主张利息之后,对逾期行为同时主张违约金和逾期利息?

在民间借贷中,出借人为了最大程度地保障自己的利益,一般除了约定利息和逾期利息外,还会约定违约金。在诉讼中我们也经常会见到有的借款人只认可一个,认为逾期利息就等同于违约金,那二者之间到底有什么区别?是否可以同时主张违约金和逾期利息呢?

违约金是对合同一方当事人因他方违约可能遭受的财产损失的一种事先估计而确定的金额,符合民事合同的损失补偿原则,同时也兼顾惩罚性。当事人双方在合同中约定违约金,用以约束合同相对方,按时履行合同义务。民间借贷作为合同的一种,同样也可以在合同中约定违约金。

民间借贷中,逾期利息虽然也具有惩罚的性质,但逾期利息本质上还是借款合同产生的孳息。

因此,在民间借贷中,如果出借人与借款人同时约定利息和违约金的规定并无法律冲突,借款人违约时,出借人可以同时请求逾期利息和违约金,该约定符合意思自治原则。

在实务中,很多出借人为了保障自身的利益,在出借款项时会与借款人在合同中约定,借款人未按期还款的,除了向出借人支付除逾期利息外,还应当支付违约金、逾期费、管理费等各种费用。很可能这些费用相加之后的总额,远超过法律规定的利息,实际上变相地提高了法律限定的利率标准。对于这种多项费用累计的总额有没有限制呢?

案件介绍

2015年4月,杨某与刘某合伙投资,双方各投资15万元,收益预计30万元。一年后杨某想要退伙,和刘某协商后双方约定,刘某支付原告退伙款本金和投资收益合计23万元,随后刘某向原告出具借条。借条载明借款金额为23万元,借款期限为2015年5月30日至2018年1月30日,利率为每月1.3%,款项于2018年1月30日一次性偿还。如不能按时足额归还借款,借款人应当向出借人支付违约金,每月违约金5000元。后刘某未还款,杨某最终诉至法院,要求李某偿还借款23万元,并要求支付利息及违约金。

法院认为,借款合同是借款人向贷款人借款,到期返还借款并支付利息的合同。借款人应当根据约定的期限还款,故原告要求被告偿还23万元的诉讼请求应当依法支持。借款人应当按照约定向原告支付利息和违约金,原告要求被告支付以23万元本金为基数,从2016年1月1日起至2018年1月30日止按照月息1.3%计算的利息74,807.34元,利息优先抵充,抵扣已经支付的3万元,仍剩余44,807.34元,故法院依法支持该期间的利息金额为44,807.34元,对超出部分,不予支持。

出借人与借款人既约定了逾期利率,又约定了违约金或者其他费用,出借人可以选择主张逾期利息、违约金或者其他费用,也可以一并主张,但总计超过年利率24%的部分,人民法院不予支持。原告、被告双方约定每月5000元违约金,超出年利率24%,故法院依法支持被告支付原告自2018年1月31日起至还清时止,以尚欠本金为基数,根据年利率24%计算的违约金。

裁判结果

最终法院判决刘某支付杨某23万元及利息、律师费,合计58,807.34元并以尚欠本金为基数,按年利率24%计算的违约金。

律师点评

依据最高人民法院《民间借贷司法解释》第28条之规定,借贷双方未约定逾期利率或者约定不明的,出借人主张逾期还款利息或者资金占用期间利息损失的,人民法院应予支持,所以出借人可以依据该条规定主张逾期利息。借贷双方对违约金的约定不能排除该条的适用。

1. 逾期利息和违约金性质不同。如上文所述,在借贷双方对逾期利息未作约定的情形下,逾期利息具有损失赔偿的性质,出借人可要求借款人以逾期利息的形式赔偿其资金损失。而依据《民法典》合同编的规定，违约金具有惩罚性，其目的主要在于担保合同的履行。损失赔偿和违约金并不互相排斥。

2. 借贷双方约定的违约金的适用条件和逾期利息的适用条件并不相同。逾期利息在借贷双方无特别约定的情形下，自借款人逾期还款之日即可适用，但违约金的适用条件则取决于双方的约定。在实践中，也不乏存在诸如甲乙双方约定在乙方逾期超过3个月之后才涉及违约金问题，逾期时间越长，承担的违约责任越重，意在促使借款人及时还款，保证合同的履行。此种情形下，如果不支持对于逾期利息的主张，则对出借人的资金损失无法补偿。

3. 逾期利息和逾期还款的违约金金额受到法律限制。以新修改的《民间借贷司法解释》为界限，在2020年8月20日之前成立的合同截至2020年8月19日适用逾期利息和逾期还款的违约金年利率24%的限制，之后则受到诉讼时一年期贷款市场报价利率4倍限制，2020年8月20日之后成立的合同则受到合同成立时一年期贷款市场报价利率4倍限制。这样即使一并主张，也不会造成结果畸高、对借款人不公平的结果。

综上，笔者认为，在借贷双方只约定了逾期还款的违约金、对逾期利息未作约定的情形下，若出借人不仅主张违约金，同时还依据《民间借贷司法解释》第28条主张逾期利息的，可予以支持，但在最终结果的认定上，应参照《民间借贷司法解释》根据不同的情况主张权利。

实践中关于违约金和逾期利息的认定还会产生一个问题：若借贷双方在借贷合同中对于逾期还款的民事责任表述不明，不能直接判断属于逾期利息还是违约金时，怎么处理？比如，双方约定“若借款人不能及时还款，则每逾期一日，按照……的利率向出借人支付逾期违约金”，其中既有利率的表述，又有违约金的提法。如果认定为逾期利息，则直接按照《民间借贷司法解释》第28条予以认定；如果认定为违约金，则涉及出借人能否再主张逾期利息的问题。

笔者认为，在此种情形下，虽然名称为逾期违约金，但明确约定了利率，约定了按照逾期天数每天支付一定数额，其形式和性质上更接近于逾期利息，不宜认定为违约金。故此种情形下，出借人不能再参照《民间借贷司法解释》第29条规定一并主张逾期利息和违约金。

法条链接

《最高人民法院关于审理民间借贷案件适用法律若干问题的规定》

第二十八条　借贷双方对逾期利率有约定的，从其约定，但是以不超过合同成立时一年期贷款市场报价利率四倍为限。

未约定逾期利率或者约定不明的，人民法院可以区分不同情况处理：

（一）既未约定借期内利率，也未约定逾期利率，出借人主张借款人自逾期还款之日起参照当时一年期贷款市场报价利率标准计算的利息承担逾期还款违约责任的，人民法院应予支持；

（二）约定了借期内利率但是未约定逾期利率，出借人主张借款人自逾期还款之日起按照借期内利率支付资金占用期间利息的，人民法院应予支持。

第二十九条　出借人与借款人既约定了逾期利率，又约定了违约金或者其他费用，出借人可以选择主张逾期利息、违约金或者其他费用，也可以一并主张，但是总计超过合同成立时一年期贷款市场报价利率四倍的部分，人民法院不予支持。

第三十一条　本规定施行后，人民法院新受理的一审民间借贷纠纷案件，适用本规定。

2020年8月20日之后新受理的一审民间借贷案件，借贷合同成立于2020年8月20日之前，当事人请求适用当时的司法解释计算自合同成立到2020年8月19日的利息部分的，人民法院应予支持；对于自2020年8月20日到借款返还之日的利息部分，适用起诉时本规定的利率保护标准计算。

本规定施行后，最高人民法院以前作出的相关司法解释与本规定不一致的，以本规定为准。

25　民间借贷能收复利吗？

复利常被称为利滚利，计算复利是高利贷的主要收入来源，一般情况下出借人在出借款项时都会约定，如果借款人一旦违约，原来逾期利息将成倍的计算复利，结果几千元的借款变成了几万元甚至几十万元，这样的案例每天都可能在相关的新闻报道里看到。但实际上,法律对复利计算是完全禁止的吗?

《民间借贷司法解释》第27条对该问题进行了回答。其规定了复利的形式是借贷双方将前期借款本息结算后将利息计入后期借款本金并重新出具债权凭证,并规定了相应的金额限制,即如果前期利率没有超过合同成立时一年期贷款市场报价利率4倍,重新出具的债权凭证载明的金额可认定为后期借款本金,同时规定了还款金额上限进行区别,即借款人在借款期间届满后应当支付的本息之和不应超过以最初借款本金与以最初借款本金为基数、以合同成立时一年期贷款市场报价利率4倍计算的整个借款期间的利息之和。

当事人约定复利的形式往往多样,但究其实质都是将前期利息计入后期本金,以下先对重新出具债权凭证的情形进行探讨。复利的计算依赖于本金的数额,因此要对复利进行准确计算,首先应对后期借款本金金额进行认定。

案件介绍

林某良向法院起诉称,2012年2月28日,金某玉以其资金紧缺为由向林某良借款人民币250,000元,并向林某良出具了《借条》,承诺还款期限为2012年5月30日,双方口头约定借款利息为每个月3%,后林某良委托林某将250,000元转入被告账户。

2012年4月30日,被告金某玉通过转账方式向林某良汇款人民币22,500元以支付3月到5月的利息,此后林某良多次向被告催讨欠款,金某玉以生意不好等理由多次变更还款期限,并承诺会按月付息,故经多次变更,还款期限变更为2014年5月30日。自2014年7月起,被告金某玉不再支付利息,经林某良多次催讨欠款,金某玉承诺会还本付息。

后来经协商,将原来的25万元本金和拖欠的9万元利息合计为本金,故被告金某玉于2015年6月18日重新出具《借条》,写明向林某良借款人民币340,000元。

被告金某玉一直也没有向林某良支付本息,林某良多次追讨,被告金某玉仍置之不理,甚至拒不接听林某良电话。特诉至法院请求判令两被告向林某良清偿借款本金人民币340,000元及利息(利息自2015年6月18日起按月息3%计至清偿之日)。被告金某玉、朱某林没有答辩。

法院认为,被告金某玉于2015年6月18日重新向林某良出具《借条》,虽然写明向林某良借款人民币340,000元,但该款项是将被告前期借款25万元本金和前期拖欠的2014年7月1日至2015年6月30日9万元利息合计为本金,而前期利率口头约定为月息3%,超过了年利率24%,超过部分的利息30,000元不能计入后期借款本金。故法院只确认被告金某玉于2015年6月18日重新向林某良出具《借条》中写明向林某良借款人民币340,000元中的310,000元为后期借款本金。

裁判结果

法院最终判决被告金某玉向林某良清偿借款本金310,000元及利息,且由于本案约定的利率标准已经达到年利率24%的标准,因此利息的计算本金仍只能按250,000元计算。

律师点评

关于复利的计算,可以从以下几个角度展开。

(一)后期借款本金金额的认定

如果借贷双方已将前期利息计入后期本金在债权凭证上予以记载,则应当尊重当事人的意思自治,尽量以债权凭证上记载的金额作为后期本金数额,但因为该金额中包括前期利息,故前期利率不应超过当时适用的法定保护利率,如果未超过该上限,则前期利息可以直接计入后期本金,即可以认定债权凭证上载明的本金金额作为后期借款本金金额。但如果超出了该上限,则超过部分不受司法保护。

(二)后期借款本息的限度

对后期本金金额认定后,即可按照约定的利率予以计息。但是在尊重当事人意思自治的同时,为防止民间借贷利率畸高,以2020年8月20日后成立的合同为例,《民间借贷司法解释》第28条对后期的本息和设置了一个上限,就是以最初的借款本金为基数,以合同成立时一年期贷款市场报价利率4倍计算包括前期和后期在内的整个借款期间的本息和。超过这个数额的部分,人民法院不予保护。因为在实践中,即使约定的后期年利率没有超过合同成立时一年期贷款市场报价利率4倍,后期的本息和仍然可能会超过上限,设置的本息和上限标准是以最初的借款本金为计算基数,但并不等于说重新出具的债权凭证无实际意义。在约定的利率远低于合同成立时一年期贷款市场报价利率4倍时,复利的效果就较明显,如A向B出借100万元,约定年利率为3%,借款期限为1年,1年后双方重新出具借条,约定出借103万元,年利率和借款期限未变。按照上述分析,借条上记载的103万元可以认定为后期借款本金,后期借款利息则为3.09万元(103万元×3%),期末本息和为106.9万元,未超过设置的上限标准即130.8万元(100×2020年7月20日发布一年期贷款市场报价利率3.85%×4×2+100),可予以保护,故复利的设置一定程度上可以促使债务人及时偿还债务。

(三)连续多次重新出具新的债权凭证的情形下复利的认定

在重新出具一次债权凭证的情形下,复利的计算和认定尚且比较容易,但实践中双方当事人往往多次重新出具债权凭证,相当于出现多期借款,这就需要分两步计算:第一步先按照规定的标准逐步认定各期本金,最终计算出最后一期的本息之和,第二步就是判断最后一期的本息之和有无超过上限,即以最初的本金为基数,以合同成立时一年期贷款市场报价利率4倍计算的整个借款期间的利息和最初的本金之和。超过上限的部分,法院不予保护。

(四)偿还部分款项后重新出具债权凭证的情形下复利的认定

《民间借贷司法解释》第27条的规定属于原则性规定,如果债务人已经偿还部分款项,致使后期借款本金小于最初借款本金,则该条第2款规定的本息和上限的计算应以小于最初借款本金的那一期借款本金作为计算基数,以之后的期间作为借款期间来计算本息和上限。

关于将前期借款利息计入后期借款本金情形下复利的计算和认定在实践中有可能会更为复杂,因此还需要在具体的案例中参考《民间借贷司法解释》的有关规定进行具体分析。

法条链接

《最高人民法院关于审理民间借贷案件适用法律若干问题的规定》

第二十七条　借贷双方对前期借款本息结算后将利息计入后期借款本金并重新出具债权凭证,如果前期利率没有超过合同成立时一年期贷款市场报价利率四倍,重新出具的债权凭证载明的金额可认定为后期借款本金。超过部分的利息,不应认定为后期借款本金。

按前款计算,借款人在借款期间届满后应当支付的本息之和,超过以最初借款本金与以最初借款本金为基数、以合同成立时一年期贷款市场报价利率四倍计算的整个借款期间的利息之和的,人民法院不予支持。

第八章

借贷与夫妻共同债务的区分

26 个人债务与夫妻共同债务的区别

当事人因民间借贷牵扯夫妻家庭财产时,首先需要确认的就是此债务属于夫妻共同债务还是配偶个人债务。这是确定债务还款来源的第一步,也是借贷涉及家庭财产时的核心步骤。

随着社会生活情况的不断变化,对夫妻间财产关系的规范也不断完善。从原《婚姻法》到各司法解释的相应解释不断出台。2018 年年初,最高人民法院又出台了《关于审理涉及夫妻债务纠纷案件适用法律有关问题的解释》(法释〔2018〕2 号,已失效),对夫妻共同债务又作了进一步认定和举证责任的规定。该司法解释中规定了夫妻双方共同签字或者夫妻一方事后追认等共同意思表示所负的债务,应当认定为夫妻共同债务。第 2 条规定,夫妻一方在婚姻关系存续期间以个人名义为家庭日常生活需要所负的债务,债权人以属于夫妻共同债务为由主张权利的,人民法院应予支持。第 3 条规定,夫妻一方在婚姻关系存续期间以个人名义超出家庭日常生活需要所负的债务,债权人以属于夫妻共同债务为由主张权利的,人民法院不予支持,但债权人能够证明该债务用于夫妻共同生活、共同生产经营或者基于夫妻双方共同意思表示的除外。2020 年通过的《民法典》将该解释纳入，进行了进一步确认。

通俗而言，首先司法机关的态度很明确：鼓励共债共签，签字明确下来是否属于共同债务最简便易行，对债权人维权非常清晰。体现从源头控制纠纷、更加注重交易安全的价值取向，也有利于强化公众的市场风险意识，从而平衡保护债权人和未举债夫妻一方的利益。其实绝大多数金融机构发放贷款或者在个人提供担保时都需要配偶双方共同签字。但是实务中，出于效率上的考虑和法律意识方面的缺乏，还是很多民间借贷的企业和个人债权人做不到要求配偶双方签字。在此情况下就需要识别是否家庭日常所需，是否用于共同生活、共同生产经营，这几点是区别夫妻共同债务和个人债务的核心，也是区别举证责任的重点。

最高人民法院民一庭负责人曾在《关于审理涉及夫妻债务纠纷案件适用法律有关问题的解释》答记者问环节详细解释了何为家庭日常所需和是否用于共同生活、共同生产经营如何界定。通常所说的"家庭日常生活"，学理上称之为日常家事。我国民法学界通说认为，婚姻是夫妻生活的共同体，在处理家庭日常事务的范围内，夫妻互为代理人，这是婚姻的当然效力，属于法定代理。《民法典》第 1062 条第 2 款规定："夫妻对共同所有的财产，有平等的处理权。"这里所指的平等处理权既包括对积极财产的处理，也包括对消极财产即债务的处理。"民法典"第 1060 条第 1 款规定："夫妻一方因家庭日常生活需要而实施的民事法律行为，对夫妻双方发生效力，但是夫妻一方与相对人另有约定的除外。"

该规定涵盖了夫妻日常家事代理权的实质内容。因此，在夫妻未约定分别财产制或者虽约定但债权人不知道的情况下，夫妻一方以个人名义为家庭日常生活需要所负的债务，应当认定为夫妻共同债务。国家统计局有关统计资料显示，我国城镇居民家庭消费种类主要分为八大类，分别是食品、衣着、家庭设备用品及维修服务、医疗保健、交通通信、文娱教育及服务、居住、其他商品和服务。家庭日常生活的范围，可以参考上述八大类家庭消费，根据夫妻共同生活的状态（如双方的职业、身份、资产、收入、兴趣、家庭人数等）和当地一般社会生活习惯予以认定。但农村承包经营户有其特殊性，农村承包经营户一般以家庭为单位，家庭日常生活与承包经营行为经常交织在一起，二者难以严格区分，故为了正常地承包经营所负债务，可以认定为家庭日常生活需要所负债务。需要强调的是，家庭日常生活需要的支出是指通常情况下必要的家庭日常消费，主要包括正常的衣食消费、日用品购买、子女抚养教育、老人赡养等各项费用，是维系一个家庭正常生活所必需的开支。当然,随着我国经济社会和人们家庭观念、家庭生活方式的不断发展变化,在认定是否属于家庭日常生活需要支出时,也要随着社会的变化而变化。

所以,属于这八大类家庭日常所需的债务都是夫妻共同债务,债权人无须举证。如果举债人的配偶一方反驳认为不属于夫妻共同债务,则由其举证证明所负债务并非用于家庭日常生活。

对于明显超出家庭日常所需的支出,《民法典》第 1064 条第 2 款规定,夫妻一方在婚姻关系存续期间以个人名义超出家庭日常生活需要所负的债务,不属于夫妻共同债务;但是,债权人能够证明该债务用于夫妻共同生活、共同生产经营或者基于夫妻双方共同意思表示的除外。由此可知对于明显不属于家庭共同生活的大额债务,举证责任则转由债权人来证明,若不能证明则不能认定为夫妻共同债务。

《民法典》将解释内容纳入其中,提高了立法层级。夫妻共同债务和个人债务的认定以及举证责任更加明确。矛盾焦点逐步清晰,是我国对夫妻债务认定上的重要里程碑。

27 假离婚,真逃债,债权人怎么办?

现代社会,结婚离婚已经不再完全是种精神生活的需求使然,而是掺杂了很多家庭经济利益的不同需求。一纸文书捆不住爱情,为了买房,为了躲债,有些夫妻选择离婚。大部分假离婚的夫妻离婚后还会继续在一起生活,也有的夫妻最终假离婚成了真离婚。选择和配偶通过协议离婚的办法来逃避债务保护家庭财产,把资产都给了配偶孩子,自己背负所有债务净身出户也是其中常见的一种做法。债权人上门来要债的时候发现债务人已经离婚,身无分文,或者虽有财产但是无法执行,此时该如何处理呢?

《民法典》第 1089 条规定,离婚时,夫妻共同债务应当共同偿还。共同财产不足清偿或者财产归各自所有的,由双方协议清偿;协议不成的,由人民法院判决。

此条意味着,在离婚时夫妻共同债务若已经存在,则应当由夫妻共同财产承担。遇到债务人离婚时怎么办?债权人首先应该考虑的是债务人本身有没有偿债能力,没有偿债能力的时候可以去挖掘其背后的家庭或企业财富能否支持偿债。在夫妻已经办理离婚和财产分割之时,请律师协助判断该分割协议是否公平合理,并判断该债务是否属于夫妻共同债务,据此举证。(是否属于夫妻共同债务和如何举证已在本章第一部分论述,后文不再赘述。)

一旦确认该债务为夫妻共同债务,债权人在合理诉讼时效内提出偿还债务的请求,债务人应当用夫妻共同财产来偿还。假如经论证此债务不是夫妻共同债务,可能只是归属于债务人个人的债务,则债务人的离婚协议对财产分割部分的约定公平与否就会更加影响债权人权利的实现。债务人以明显不合理的低价转让财产,对债权人造成损害,并且受让人知道该情形的,债权人也可以请求人民法院撤销债务人此不当行为。因此法律赋予了债权人在债务人不当转让资产时对交易的撤销权。但要证明:(1)债务人的转让行为不合理,交易价格明显低于市价;(2)受让人知道该交易不合理。因此债权人在遇到债务人以逃避债务为目的的离婚时,可行使自身的撤销权来撤销该离婚协议中对财产的分割内容,再另行申请对债权的执行。

案件介绍

孙某、邬某原系夫妻关系,于2017年6月1日办理离婚登记,双方签署的离婚协议约定,坐落于上海市青浦区徐泾镇叶联路×××弄×××号×××室房屋归邬某所有,该房屋剩余贷款由邬某承担,坐落于上海市青浦区赵巷镇崧文路×××弄×××号房屋归邬某和孙小某所有,该房屋剩余贷款由邬某负责偿还;车牌号沪FS××××轿车一辆归邬某所有,车牌号沪CY××××7轿车一辆归孙某所有;各自名下的银行存款归各自所有,各自名下的债务各自承担。

另外,双方在已生效案件中确认:张某与孙某之间存在多笔借贷关系。孙某作为借款担保人欠张某累计数百万元债务。至今未还。

张某认为,孙某、邬某对夫妻共同财产份额没有明确约定的情况下,应当是共同共有,其中,上海市青浦区徐泾镇叶联路×××弄×××号×××室房屋是孙某、邬某夫妻共同共有,离婚时应当各半分割,孙某将其享有的房屋产权份额无偿转让给邬某;上海市青浦区赵巷镇崧文路×××弄×××号房屋是孙某、邬某和孙小某共同共有，孙某享有其中1/3的份额，孙某将其享有的份额无偿转让给邬某和孙小某，对张某的债权形成了重大影响。

孙某、邬某及孙小某则认为，离婚协议所涉两套房屋在孙某、邬某离婚前是夫妻共同共有或者家庭共同共有，离婚时孙某、邬某关于财产分割的约定符合原《婚姻法》的规定，双方可以对夫妻共同财产分割进行合意，不一定要各半分割。且孙某认为其除了系争离婚协议所分割的财产，在离婚时也分得了其他财产：(1)青浦区练塘镇前进街×××号×××室房屋，是由单位分配的公租房，之后公有住房改革，现该房屋归孙某所有。(2)借条7份，证明案外人姚某某向孙某借款600万元，案外人濮某某向孙某借款275万元，孙某对该两人享有债权。分割不算不公平。

张某认为，孙某某的公租房无法办理转让手续，而且房屋现价值微乎其微，不足以偿付张某的债权。且张某对借条的真实性不予认可，仅凭借条，没有付款凭证，无法确认借款的事实。即便借款真实，姚某某尚未归还借款，说明借款无法归还，所以即便孙某有债权，也是无法兑现，不能偿付张某债权。因此提起撤销之诉，要求法院撤销孙某和邬某离婚协议的财产分割部分内容，用夫妻共同财产来归还其债权。

债权人的撤销权，是指债权人对于债务人所为危害债权的行为，依法享有向人民法院请求予以撤销的权利。《民法典》第538条的立法目的在于，使债务人的责任财产维持在适当状态，以保障债权人的债权得以顺利及时实现。若债务人的行为减少了其责任财产，影响债权人的债权实现，则该行为理应成为债权人行使撤销权的对象。夫妻离婚协议中约定夫妻共同财产全部或者绝大部分归一方所有，若不分或明显少分夫妻共同财产的一方在婚姻存续期间存在个人债务，债权人有权向人民法院起诉请求撤销该离婚协议中的财产分割部分的约定。

孙某与邬某离婚时，孙某自愿放弃上海市青浦区赵巷镇崧文路×××弄×××号房屋及上海市青浦区徐泾镇叶联路×××弄×××号×××室房屋的共有产权，将上址房屋的共有产权无偿让与邬某和孙小某，从而造成分割夫妻共同财产时孙某、邬某所获财产价值差额巨大。至于孙某称离婚时其拥有巨额债权一节，孙某在一审审理中仅提供了借款人为“濮某某”的2份借条，并未提供借款往来的凭证，且“濮某某”亦未出庭作证。姚某某虽曾出具有借条并出庭作证，但借条均系事后补写，且其称借款的支付和收取均非孙某和姚某某名下的账户。孙某与姚某某、“濮某某”之间的借贷关系尚需进行实质性审查，而孙某至今未向法院起诉追索其所称债权。更何况，即使孙某与姚某某、“濮某某”的借贷关系成立，姚某某也已在一审审理中明确表示其目前没有偿债能力。因此，孙某所称之债权尚难以确定能获受偿。

由此可见，孙某系在对张某负有巨额保证之债且借款期限即将届满的情况下，与邬某登记离婚签订《自愿离婚协议书》，将上海市青浦区赵巷镇崧文路×××弄×××号房屋及上海市青浦区徐泾镇叶联路×××弄×××号×××室房屋的共有产权，无偿让与邬某和孙小某，减少了其责任财产，致债权人张某的债权无法顺利及时实现。更何况，因孙某名下无可供执行财产，(2018)沪0118执3012号执行裁定已经裁定终结本次执行，客观上对张某造成了损害。因此，张某诉请撤销孙某、邬某签署的《自愿离婚协议书》中关于财产分割的约定，法院予以支持。

裁判结果

最终，本案法院撤销了该夫妻之间离婚协议的财产分割部分约定。张某后续可以另行申请对邬某的财产进行执行。

律师点评

夫妻离婚时对于财产分割作出约定是件很正常的事，但是如果分割的时候罔顾已存续的债务事实，对财产分割作出明显不公平的约定，该协议就会面临被撤销的风险。此案中，不去论述孙某所欠债务是否为夫妻共同债务还是孙某个人债务，也不去讨论孙某的债权是否虚构，仅讨论孙某以离婚转移资产的行为，因存在明显不对等转移财产的行为，对债权人利益存在明显损害不公平的事实，债权人可以行使撤销权。最终法院判决撤销孙某和邬某离婚协议财产分割部分的效力。撤销之后，该条款自始无效。

法条链接

《中华人民共和国民法典》

第五百三十八条　债务人以放弃其债权、放弃债权担保、无偿转让财产等方式无偿处分财产权益,或者恶意延长其到期债权的履行期限,影响债权人的债权实现的,债权人可以请求人民法院撤销债务人的行为。

第五百三十九条　债务人以明显不合理的低价转让财产、以明显不合理的高价受让他人财产或者为他人的债务提供担保,影响债权人的债权实现,债务人的相对人知道或者应当知道该情形的,债权人可以请求人民法院撤销债务人的行为。

28 分居后,配偶负债,另一方要还吗?

实践中,因为认定夫妻感情破裂实在是个复杂的事,第一次起诉离婚一般很难判离;即使《民法典》中增加了判决不予离婚分居一年,一方提起离婚诉讼的应准予离婚,诉讼离婚的时间成本基本仍要一年到两年。

这两年中,有的人为了证明感情破裂已经离家分居不再联系了,有的因为没有房子还住在一起,但是实际已经各住各房间。在离婚进行时的分居阶段,发生的债务,配偶要一起还吗?

分居阶段并未实际离婚,一方的债务是否需要配偶方承担,核心要点是看该债务用在了什么方面。如果仍然用在家庭共同生活和共同生产经营之上,应该依旧认定为夫妻共同债务,应先用夫妻共同财产去归还债务,然后再分割。若仅是债务人个人使用,或用于非法行为,则与家庭无关,应该认定为个人债务,由其个人在其个人财产范围予以承担。大额负债的债权人应当注意对用途的举证责任,不然很难判定为夫妻共同债务。

案件介绍

林某、秦某甲于2008年3月27日登记结婚,于2014年8月开始分居,于2016年12月5日判决离婚。秦某乙于2015年7月30日向秦某甲出借款项。

一审法院认为,秦某甲借款用于广州市天河区东圃镇石溪村××巷××号宅基地房屋的第三层至第五层的建设。该部分建筑虽未经过报建,未取得不动产权属证书,但是该部分房屋建造于林某、秦某甲婚姻关系存续期间,具有客观的使用价值，因此在有关主管机关作出处理前，对上述房屋仍可进行使用；虽然林某、秦某甲已于2014年8月开始分居，但分居并未影响林某对前述案涉房屋的占有、使用、收益。秦某甲向秦某乙借款的用途为加建该房屋，秦某甲、林某均占有、使用、收益广州市天河区东圃镇石溪村××巷××号房屋，林某既然享有前述房屋带来的相应收益，亦应对前述债务承担相应责任。综上，秦某乙向秦某甲的借款发生于林某、秦某甲婚姻关系存续期间，且前述债务用于双方共同经营，依据《最高人民法院关于适用〈中华人民共和国婚姻法〉若干问题的解释（二）》（已失效）第24条及《最高人民法院关于审理涉及夫妻债务纠纷案件适用法律有关问题的解释》（已失效）第3条的规定，应认定为夫妻共同债务。

二审法院查明：2014年12月秦某甲第一次起诉要求与林某离婚，一审法院于2015年3月20日以（2015）穗天法民一初字第81号判决不予离婚。2015年10月秦某甲第二次起诉要求离婚。秦某乙为秦某甲弟弟，秦某甲表示，因其与林某分居，其向秦某乙借款还债未与林某商议。秦某乙表示，其借款给秦某甲，按理应由林某在借款单上签名，但当时秦某甲与林某正在离婚诉讼过程中，所以不可能让林某在借款单上签名。

本案二审的焦点问题：秦某乙主张的借款18万元，是否为秦某甲与林某的夫妻共同债务。本案秦某乙所述2015年7月30日秦某甲借款18万元，时间发生于秦某甲与林某夫妻分居阶段，介于秦某甲所提两次离婚诉讼期间，在此夫妻关系相对特殊的状态下，秦某甲向秦某乙大额借款用于还债依理应对林某予以告知以减少争议发生。但秦某甲、秦某乙兄弟均未向林某作出通知、要求签名确认，对本案纠纷的发生，存有责任。林某对加建房屋借款无异议，但对秦某甲向秦某乙借款18万元清还建房借款未予认可。《最高人民法院关于审理涉及夫妻债务纠纷案件适用法律有关问题的解释》（已失效）第3条规定，夫妻一方在婚姻关系存续期间以个人名义超出家庭日常生活需要所负的债务，债权人以属于夫妻共同债务为由主张权利的，人民法院不予支持，但债权人能够证明该债务用于夫妻共同生活、共同生产经营或者基于夫妻双方共同意思表示的除外。

裁判结果

法院最终认定秦某乙以夫妻共同债务为由提起的借贷纠纷案件，作为债权人的秦某乙未能提供证据证明其所主张18万元债务的发生是基于秦某甲与林某的共同意思表示,故其本案所提诉讼请求不予支持。一审判决认定秦某甲向秦某乙借款的用途为加建房屋用于共同经营,与事实不符,二审法院予以改判。

律师点评

此案本不复杂,然而对于在分居期间18万元的借款属于夫妻共同债务还是秦某甲个人债务,一审和二审法院在对事实的认定和在适用法律上的不同,导致了两个完全不同的判决结果。一审法院认为,借款用于房屋加建,加建的房屋林某也在其中居住,享受了其中利益,因此该借款属于夫妻共同财产。笔者认为该观点没有问题。但是一审法院忽略了盖房子的钱是之前借的,该笔借款18万元是否一定用于归还了该房产建设时的欠款并没有调查清楚。二审法院在这一事实无法厘清的基础上,认为债权人在特殊时期没有去做共债共签并不合理。针对不是用在家庭日常生活所需之上的借款,债权人主张用于共同生产经营的目的,应该由债权人来举证。此案债权人和债务人身份本已特殊,债权人在明知哥嫂分居的情况下,没有向嫂子告知和确认该债务,存在明显的躲避意图。该借款是否用于秦某甲、秦某乙所述用途没有其他证明,债权人自己也未能举证。因此根据最新指导意见,不应将这18万元认定为林某和秦某甲的夫妻共同债务。

法条链接

《中华人民共和国民法典》

第一千零六十四条　夫妻双方共同签名或者夫妻一方事后追认等共同意思表示所负的债务,以及夫妻一方在婚姻关系存续期间以个人名义为家庭日常生活需要所负的债务,属于夫妻共同债务。

夫妻一方在婚姻关系存续期间以个人名义超出家庭日常生活需要所负的债务,不属于夫妻共同债务;但是,债权人能够证明该债务用于夫妻共同生活、共同生产经营或者基于夫妻双方共同意思表示的除外。

29 夫妻之间可以约定债务的归属吗?

有些夫妻在婚内或者离婚时会对债权债务归属进行约定,这一约定有效吗?对债权人来说会有影响吗?

一般来讲在财产分别制的夫妻中这种约定效力最明显。在一般共同共有财产制的夫妻内部,在公平合理财产分割财产的情况下夫妻双方也可以对债权债务的归属进行约定,该约定对夫妻之间有效,双方可以遵照执行。但若有善意第三人对该约定质疑,且被证明此约定损害债权人利益时。第三人可以申请撤销该约定,亦可以对债务人配偶方的财产进行追索。

案件介绍

张某与王某因合伙经营,张某多次找王某借款,出具借条。一审、二审对于双方之间的债权债务关系已经认定无异议,而对于此债务属于张某个人债务还是张某、施某的夫妻共同债务异议比较大。

2017 年 12 月 31 日,张某与王某签订《合伙协议书》,协议约定:双方各投资 110,000 元合伙经营“弥勒市老字号蒙自菊花过桥米线”。在经营过程中,双方为经济问题发生纠纷,至 2018 年 9 月 18 日,张某与王某签订《退伙协议》。

2018 年 2 月 13 日,张某与施某登记结婚。2018 年 5 月 14 日,双方签订《夫妻债务约定协议》并到云南省弥勒市公证处进行了公证。2018 年 5 月 17 日,张某与施某又签订《夫妻债务补充协议》,明确约定:甲方张某与乙方施某系夫妻。除孩子生活费用开支共同承担以外,各自债务各自签的字各自承担,各自经营店铺收入各自享有。

此外,施某表示不知道王某于 2018 年 2 月 6 日、4 月 18 日、7 月 15 日、8 月 30 日出借 60,000 元、40,000 元、100,000 元、100,000 元等款项给张某使用,也没有参与张某与王某合伙的弥勒市老字号蒙自菊花过桥米线店的经营管理。而张某也没有告知王某其与施某之间签订过《夫妻债务约定协议》和《夫妻债务补充协议》。事后,王某将张某向其借款之事告知施某,施某不予认可。

本案中，首先，从夫妻共同债务的形成角度进行分析，王某虽不知道张某与施某夫妻之间有对外各自所负债务各自承担的约定，但张某与施某结婚不久，双方就签订了《夫妻债务约定协议》和《夫妻债务补充协议》，并对《夫妻债务约定协议》进行过公证，明确约定夫或妻一方对外各自所签所负的债务，由各自承担。因此，案涉债务不符合认定为夫妻共同债务的基本原则。其次，张某于婚前婚后向王某借款经营弥勒市老字号蒙自菊花过桥米线店，施某均未在《借条》上共同签字，事后也没有追认，案涉债务不符合“共债共签”的原则。最后，王某未举证证明案涉借款用于张某与施某的夫妻共同生活、共同生产经营或者基于夫妻双方共同意思表示。

裁判结果

最终法院判决案涉债务应为张某一方的个人债务，而不应认定为张某与施某的夫妻共同债务，从而驳回上诉，维持原判。

律师点评

此案是典型夫妻双方对债务约定有效的案件。本案中夫妻双方通过对夫妻财产的整体约定来对债务归属作出约定，该约定经过公证，且发生在双方婚后不久。约定夫或妻一方对外各自所签所负的债务，由各自承担。并不是为了规避已发生的婚内债务特地签署的。另外，虽然债务人没有告知第三人约定的存在，但是，配偶明确对该债务不予认可。最关键的是，该债务仅用于债务人个人经营米线店使用，并未用于夫妻共同生活。或者说，债权人无法举证该大额借款用于夫妻共同经营使用。因此综合下来，最终法院认定此债务为债务人个人债务。

法条链接

《最高人民法院关于适用〈中华人民共和国民法典〉婚姻家庭编的解释（一）》

第三十一条　民法典第一千零六十三条规定为夫妻一方的个人财产，不因婚姻关系的延续而转化为夫妻共同财产。但当事人另有约定的除外。

第八十二条　夫妻之间订立借款协议，以夫妻共同财产出借给一方从事个人经营活动或者用于其他个人事务的，应视为双方约定处分夫妻共同财产的行为，离婚时可以按照借款协议的约定处理。

30 夫妻一方与他人合资开办公司，公司所涉债务属于夫妻共同债务吗？

股东因公司经营所涉债务，属于股东个人债务，还是属于股东的夫妻共同债务？估计公司股东的配偶们都有这个担心。

夫妻一方与他人合资开办公司，公司所涉债务，股东应在出资义务范畴内对公司经营承担责任。而夫妻一方在出资和经营此公司时，若是用婚前婚后的个人财产投资，生活投资收益并未用于夫妻日常生活或共同经营，则该股东仅应用其个人财产对该欠款进行偿还。但如果是婚后共同财产投资，夫妻双方又没有作财产约定，设立公司的投资收益都用于家庭生活，则该部分债务应当是属于夫妻共同债务。

案件介绍

2014 年 6 月 1 日，林某稔、张某、谢某、陈某签署《投资合作协议》一份，其中，第 2 条约定，合作人共同投资设立“常州市洪友包装材料有限公司”；同日，上述四人又签署《关于合作人对合作公司产生的权益及债务确认书》一份，约定，由合作人双方共同设立的洪友公司自 2013 年 12 月 19 日成立以来，为生产经营而投入的资金和向第三方融资的资金共计 859, 840 元。其中，50 万元是林某稔为公司向第三方融资借款，该款由林某稔和谢某各承担 25 万元。2015 年 9 月 15 日，谢某向张某出具欠条一份，载明，谢某与张某合作开办常州市洪友包装材料有限公司，共欠张某借给谢某 348, 223 元整。2017 年 3 月 24 日，谢某再次出具欠条一份，确认，谢某与张某合作开办常州市洪友包装材料有限公司，共欠张某借给谢某办厂款 348, 223 元。嗣后，谢某未履行任何还款义务。经多次催要未果，张某遂诉至一审法院，要求处理。

另外，谢某和陈某原系夫妻关系，双方于 2006 年 9 月 26 日登记结婚，于 2018 年 1 月 15 日协议离婚。对于张某主张的借款数额证据充分，事实清楚。本案的主要争议焦点为，案涉债务是否为谢某和陈某夫妻关系存续期间的共同债务。

一审法院认为，案涉债务应被认定为谢某和陈某的夫妻共同债务，主要理由如下：第一，案涉债务发生的时间在谢某和陈某夫妻关系存续期间。第二，案涉债务性质为经营性债务。谢某先后两次向张某出具欠条，确认案涉债务为其与张某合作开办洪友公司产生的借款，该债务的性质显然属于经营性债务。第三，案涉债务为谢某和陈某共同生产经营所产生的债务。陈某先后在《投资合作协议》《关于合作人对合作公司产生的权益及债务确认书》签字，表明其不仅对洪友公司的经营业务知情，而且还实际参与了该公司的经营，故案涉债务为谢某和陈某共同生产经营所需而产生，应被认定为夫妻共同债务。综上，案涉债务应被认定为谢某和陈某的夫妻共同债务，陈某应承担共同偿还责任。

二审法院认为，根据案涉《关于合作人对合作公司产生的权益及债务确认书》，洪友公司的部分债务已经转化为林某稔、谢某个人债务，洪友公司对由个人承担该债务予以认可，当时，谢某、陈某夫妻二人均在该《关于合作人对合作公司产生的权益及债务确认书》上签字。根据规定，对于夫妻双方共同签字的债务，应当认定为夫妻共同债务，因此，该25万元债务应当认定为谢某、陈某的夫妻共同债务。林某琴主张的借款数额348,223元，其陈述该债务的组成，《关于合作人对合作公司产生的权益及债务确认书》中确认谢某承担25万元，案外人王某琴借款10万元中的5万元，后续谢某陆续找张某借了4万多元。对于超过25万元部分的债务，均是2014年6月1日之后形成，从谢某二次出具的欠条内容可以确定，均是用于谢某与张某合作开办洪友公司。虽然陈某在《投资合作协议》和《关于合作人对合作公司产生的权益及债务确认书》上签字，但陈某并非洪友公司登记的股东和管理人员，上述《投资合作协议》和《关于合作人对合作公司产生的权益及债务确认书》均不足以证明，自2014年6月1日之后，陈某和谢某共同经营洪友公司，以及陈某对谢某经营洪友公司的具体状况是知情的且陈某从洪友公司生产经营中获益，也没有证据证明，上述超过25万元部分的债务，用于陈某、谢某夫妻共同生活。因此，自2014年6月1日之后，谢某因经营洪友公司所负债务(超过上述25万元部分的债务)，不能认定为陈某和谢某夫妻的共同债务。一审法院认为陈某实际参与了洪友公司的经营，案涉债务均为谢某和陈某共同生产经营所产生的债务，应当认定为夫妻共同债务的依据不足,二审法院予以纠正。

裁判结果

最终法院判定撤销一审判决,谢某归还张某借款348,223元;陈某对上述第2项借款中的25万元与谢某共同向张某承担还款责任。

律师点评

同样是婚姻存续期间,配偶与他人因合资公司经营欠下的债务,为何有的债务被法院认定为夫妻共同债务,有的债务却被认定为个人债务?此案非常典型。我们一再强调的还是共债共签原则。只要一起签字的债务就是共同债务,不管该债务用于何种目的。一人签字的债务则需要看该笔债务与夫妻共同生活是否密切相关,根据最新司法解释,基本上除了很明显用于夫妻日常生活的债务,其他的举证责任都在债权人,公司不盈利,或者不分红,没有证据证明债务用于夫妻共同生活、共同生产经营,都很难被认定为夫妻共同负债。对债权人来说这个证明难度非常大。所以债权人一定要在源头上做好配偶共同签字或事后补签的手续。

法条链接

《中华人民共和国民法典》

第一千零六十四条　夫妻双方共同签名或者夫妻一方事后追认等共同意思表示所负的债务,以及夫妻一方在婚姻关系存续期间以个人名义为家庭日常生活需要所负的债务,属于夫妻共同债务。

夫妻一方在婚姻关系存续期间以个人名义超出家庭日常生活需要所负的债务,不属于夫妻共同债务;但是,债权人能够证明该债务用于夫妻共同生活、共同生产经营或者基于夫妻双方共同意思表示的除外。

31 夫妻一方帮他人理财或经营产生损失，另一方是否需要承担责任？

夫妻一方帮朋友理财，如好心帮别人炒股炒期货亏掉的钱，属于夫妻共同债务吗？一方帮他人理财突遇暴雷，此时一方面我们要看帮他人理财签署的是借款协议还是委托理财协议（无论是书面还是口头）。从一般角度来说，委托协议，他人应当知道理财有风险，则损失和收益应该从约定，由投资人承担。当然承诺有保底收益的合同若合法有效，一旦发生纠纷还是由被委托人承担。如果签订的是借款合同，则该代客理财更类似借款合同。同时我们应该去判断帮他人理财此举到底对家庭和配偶来说有没有从中共同获益。如果是从代客理财中获益，并将收益用于家庭共同生活，则一旦有债务纠纷很明显此举属于家庭共同债务。

案件介绍

2017 年 3 月 21 日，何某向孙某借款 80 万元，并出具借条一份。同日，孙某通过银行转账的方式向何某交付了 80 万元借款本金。后孙某又分别向何某转账共计 118.3 万元。

法院认为，2017 年 3 月 21 日孙某与何某之间借款 80 万元的民间借贷关系成立且合法有效，且双方对此无异议，一审法院予以确认。本案的争议焦点：(1)孙某自 2017 年 6 月 16 日至 2018 年 3 月 16 日向何某转账的 80 万元的性质。(2)孙某与何某之间有无约定过利息，利息是多少？(3)何某向孙某转账的 118.3 万元的性质。(4)何某的配偶何甲是否应承担共同还款责任？

这里对具体代客理财还是借款这一事实，法院通过认定为借款，我们只关注第四个争议焦点。夫妻一方在婚姻关系存续期间以个人名义超出家庭日常生活需要所负的债务，债权人以属于夫妻共同债务为由主张权利的，不予支持。

裁判结果

法院最终判定孙某提供的证据不足以证明本案的借款系何某用于其与何甲

的夫妻共同生活、共同生产经营或者基于夫妻双方共同意思表示，故孙某要求何甲承担共同返本付息的责任不予支持。

律师点评

此案对原、被告之间具体是代客理财还是民间借贷这一事实，法院通过借据、证言等认定行为属于借款，再针对这一事实去讨论了债务是否属于夫妻共同债务。本章之前已对此问题进行多次论证，是否用于共同生活和经营，需要债权人举证，而这一般是比较难的。因此最终法院认定此债务为债务人个人债务。

法条链接

《中华人民共和国民法典》

第一千零六十四条　夫妻双方共同签名或者夫妻一方事后追认等共同意思表示所负的债务，以及夫妻一方在婚姻关系存续期间以个人名义为家庭日常生活需要所负的债务，属于夫妻共同债务。

夫妻一方在婚姻关系存续期间以个人名义超出家庭日常生活需要所负的债务，不属于夫妻共同债务；但是，债权人能够证明该债务用于夫妻共同生活、共同生产经营或者基于夫妻双方共同意思表示的除外。

第九章

借贷案件中刑民交叉案件的处理

32 借款人的借贷行为涉嫌犯罪的，是否影响合同效力？法院应当如何处理？

民间借贷本是受当事人意思自治约束的法律行为，但正是因为其高度的自治性，使其成为一些不法分子掩盖其非法目的的外衣。由此引发一些披着民间借贷外衣的刑事案件。那么在这种情况下，民间借贷合同及其担保合同的效力如何？该类案件中出借人能否提起民事诉讼请求借款人还款？法院又会作出何种处理呢？

民间借贷案件中可能涉及的犯罪主要集中在诈骗罪、破坏社会主义市场经济秩序罪、妨碍社会管理秩序罪以及贪污贿赂犯罪。这类犯罪行为是否会影响合同效力，还要对民间借贷行为的内在实质进行区分。

刑法的聚焦点是诈骗行为，所评价的是该行为是否严重到触犯刑法需施以刑罚处罚的程度；民法的着眼点是合同行为，所评价的是该行为是否是当事人真实的意思表示一致的结果，是否应赋予该行为以私法上的效力。如果按照缔约手段与缔约结果的划分，刑法关注缔约的结果，但最终落脚点在于缔约的手段是否构成犯罪；民法关注缔约的手段，但最终落脚点则在于缔约的结果是否具有效力。

由此,当事人一方的诈骗行为,从民法视角观察,无非属于性质更加恶劣的欺诈。当欺诈行为的程度与结果超过了刑法容忍的限度,就囊括进了刑罚的调整范畴,但这并不影响民法视野下该行为仍然被认定为欺诈。认定欺诈类合同为可变更、可撤销合同,可撤销合同的法律后果与有效合同的违约后果对债权人的保护程度不可相提并论。

合同是双方行为,是双方意思表示一致的结果,“以合法形式掩盖非法目的”即以合法形式掩盖非法目的中的“目的”,应当是合同双方的共同目的,而非单独哪一方的目的;绝大多数情况下,这一共同目的是双方共同明知或理应知道的。概言之,以合法形式掩盖非法目的的合同,其本质是以形式合法掩盖其实质非法。

总之,民间借贷纠纷中涉及刑事部分的,应考虑犯罪行为与合同双方当事人真实合意的关联性,民事合同涉及刑事部分的,民事合同“并不当然无效”,要按照具体情况来判断。

案件介绍

2013 年 5 月,叶某与洪某签订《借款合同》和《房地产抵押合同》,约定:叶某向洪某借款,月利息为 2%,借款期限为 1 年,叶某以其名下房产作抵押,如逾期还款,应承担违约责任。合同签订后,洪某先后向叶某支付借款本金 9000 万元。2014 年 7 月,叶某与洪某签订《补充协议》,约定:将借款期限延至 2014 年 8 月,叶某向洪某支付补偿金:2014 年 5 月至 2014 年 6 月的补偿金为 180 万元,2014 年 6 月后的补偿金为 270 万元/月。

洪某向福建省高级人民法院提起诉讼,请求判令:叶某偿还借款 9000 万元及利息、补偿金、违约金。保证人答辩称,叶某涉嫌犯罪,本案应当中止审理。福建省高级人民法院判决:叶某向洪某偿还借款 9000 万元及利息;洪某有权就抵押房产优先受偿;叶某桢、泰龙股份、泰龙集团就抵押房产不足清偿部分承担连带责任。

叶某不服福建省高级人民法院判决,向最高人民法院提起上诉称,洪某系长期从事放贷和高利贷转贷业务,应当认定本案借款合同无效。最高人民法院判决驳回上诉,维持原判。

裁判结果

最高人民法院认为，根据一审、二审查明的事实，洪某具有一定的经济能力，其以自有资金与叶某发生资金使用关系，双方意思表示真实。合同签订后，洪某已按约出借款项，叶某也支付了部分利息，合同成立并实际履行，并不存在以欺诈、胁迫手段损害他人利益、以合法形式掩盖非法目的的方式损害社会公共利益、违反法律、行政法规强制性规定的情形，双方的借贷关系依法应受法律保护。叶某虽主张洪某属于长期、经常性放贷，并有高利转贷等行为，但并未提供相应的证据予以证实，其所举部分相关材料虽证明洪某与他人发生若干借贷纠纷，但难以证明洪某属专门以放贷为业或有高额非法获利。同时，叶某是否涉嫌集资犯罪，并不影响洪某与叶某民间借贷合同的效力。据此，法院认为，叶某主张洪某与叶某之间的借款合同及该公司所作担保行为无效，均无事实和法律依据。

律师点评

民间借贷因涉嫌非法集资而触犯刑事法律的现象是非常普遍的，在此类案件中，当事人既有向公安机关报案要求追究犯罪嫌疑人刑事责任的权利，也有向人民法院提起民事诉讼的权利。在审判实践中，大量的民间借贷纠纷案件往往都与非法吸收公共存款罪、集资诈骗罪等刑事案件交错。在这种情况下，如何协调处理刑事案件和民事案件是当前处理民间借贷纠纷中的重要问题。

2014 年 3 月，最高人民法院、最高人民检察院和公安部共同颁布了《关于办理非法集资刑事案件适用法律若干问题的意见》。根据该意见规定，人民法院在审理民事案件中如果发现有非法集资的犯罪，应当将案件移送公安机关或者检察机关。本次修订《民间借贷司法解释》时，实际上就对这个问题进行了重申，也就是重新把它规定到民事司法解释中。之所以如此规定，是因为非法集资案件涉及不特定的多数人的利益，在处理上应当坚持一体化解决的原则，防止有的受害人获得足额清偿而有的受害人却根本不能得到补偿的现象发生。因此，就产生了只要是涉及非法集资犯罪的案件，民事案件审理中发现了就要移送，法院就不再审理这一种处理方式。

第二种情况，如果在审理民间借贷案件的过程中，涉及非法集资等犯罪的线索与材料，在这种情况下怎么办？比如，有人非法集资，把非法集资来的钱又转贷给他人,后者转贷会形成民间借贷的案件,对这类案件怎么办?新的司法解释第6条作了规定,涉及非法集资线索的材料,应当移送到公安机关或者是检察机关,但是对于后面的民间借贷部分案件还要继续审理。

第三种情况,在审理非法集资的案件过程中,可能会涉及担保人的担保责任问题,在审理案件中不能因为一部分当事人的非法集资犯罪就认定整个合同无效,免除担保人的担保责任。遇到这种情况,只要当事人起诉担保人,对这类案件,人民法院就应当受理。

第四种情况,如果民间借贷的案件审理过程中,案件的基本事实需要刑事案件查清以后才能继续审理,这类案件就应当中止审理,因为犯罪事实的行为可能涉及民间借贷案件的基本事实,基本案件事实可能涉及主体、权利义务的确定等,此类案件要先刑后民,先把刑事案件结案了,民事案件才能恢复审理。

法条链接

《最高人民法院关于审理民间借贷案件适用法律若干问题的规定》

第五条　人民法院立案后,发现民间借贷行为本身涉嫌非法集资等犯罪的,应当裁定驳回起诉,并将涉嫌非法集资等犯罪的线索、材料移送公安或者检察机关。

公安或者检察机关不予立案,或者立案侦查后撤销案件,或者检察机关作出不起诉决定,或者经人民法院生效判决认定不构成非法集资等犯罪,当事人又以同一事实向人民法院提起诉讼的,人民法院应予受理。

第六条　人民法院立案后,发现与民间借贷纠纷案件虽有关联但不是同一事实的涉嫌非法集资等犯罪的线索、材料的,人民法院应当继续审理民间借贷纠纷案件,并将涉嫌非法集资等犯罪的线索、材料移送公安或者检察机关。

第七条　民间借贷纠纷的基本案件事实必须以刑事案件的审理结果为依据,而该刑事案件尚未审结的,人民法院应当裁定中止诉讼。

第八条　借款人涉嫌犯罪或者生效判决认定其有罪,出借人起诉请求担保人承担民事责任的,人民法院应予受理。

33 借款人盗用单位公章签订合同的，合同责任应由谁承担？

公司作为独立的法人，其印章具有识别行为主体和区别身份的重要作用。因此，公司印章保管不善便会存在巨大风险，如果借款人违法盗用公司公章进行签订借贷合同，责任应由谁承担？

就这一问题，《最高人民法院关于在审理经济纠纷案件中涉及经济犯罪嫌疑若干问题的规定》（以下简称《规定》）第5条进行了解答：行为人盗窃、盗用单位的公章、业务介绍信、盖有公章的空白合同书，或者私刻单位的公章签订经济合同，骗取财物归个人占有、使用、处分或者进行其他犯罪活动构成犯罪的，单位对行为人该犯罪行为所造成的经济损失不承担民事责任。

行为人私刻单位公章或者擅自使用单位公章、业务介绍信、盖有公章的空白合同书以签订经济合同的方法进行的犯罪行为，单位有明显过错，且该过错行为与被害人的经济损失之间具有因果关系的，单位对该犯罪行为所造成的经济损失，依法应当承担赔偿责任。

该条规定的第1款，对责任的承担作出了一般性规定，即一般情况下，行为人盗用公章构成犯罪的，单位对犯罪行为造成的经济损失不承担民事责任。第2款作出了例外性规定，即如果对于行为人盗用公章的行为单位有过错的，若单位没有尽到妥善保管的义务等，单位应当承担赔偿责任。但对于单位过错的认定标准较高，其过错程度必须达到明显的标准，才会承担相应合同责任。

但如果盗用公章的是法定代表人，则不能适用本条。《规定》第3条规定："单位直接负责的主管人员和其他直接责任人员，以该单位的名义对外签订经济合同，将取得的财物部分或全部占为己有构成犯罪的，除依法追究行为人的刑事责任外，该单位对行为人因签订、履行该经济合同造成的后果，依法应当承担民事责任。"单位的主管人员或直接责任人员其对公司的代表性，足以让善意第三人对其代表身份作出认可判断，因此该类合同的责任应由单位承担责任。

因此，盗用公章行为构成犯罪的，以单位名义对外签订合同所产生的经济损失一般情况下应当由行为人自行承担，若单位存在过错且对方为善意相对人的，合同责任才由公司承担。但如果是法定代表人盗用公章的,则一律由公司承担责任。

案件介绍

中某公司在承建江西省上饶某工程项目后,成立了项目部。2005 年 3 月 30 日,第一任项目部经理肖某与陈某以内部承包名义签订合同协议书,后因其他原因工程未进行施工。2006 年 6 月 1 日,该项目部第二任经理朱某以内部承包名义与陈某签订工程承包合同协议书,由陈某承包该项目工程,并约定了相关的权利、义务。事后,陈某进行工程施工,工程承包期间陈某多次向安明某借款用于购置工程机械等。2008 年 5 月 16 日,陈某作为经手人出具欠条和还款协议书给安明某。欠条载明:今欠安明某人民币 365 万元整,利息按还款协议时间结算支付,利率按 1.5% 月息支付。还款协议书载明:从 2005 年 5 月 23 日开始向安明某借人民币 100 万元整(电汇转入项目部银行账户上),到 2007 年 2 月底陆续向安明某共借到人民币 365 万元整……(省略部分为借款期限及利息约定情况)该欠条和还款协议书盖有项目部公章。后原告安明某起诉,请求判令陈某归还安明某借款 365 万元及利息(按月利率 1.5% 给付,自 2007 年 3 月 1 日起算至实际归还之日止),中某公司对上述债务承担连带清偿责任。

中某公司答辩称,项目部从未向原告借款。本案的欠条、还款协议书是陈某盗用项目部印章,然后套写内容出具给原告的,应由行为人陈某本人承担还款责任。

裁判结果

法院经审理认为,中某公司项目部与陈某签订合同协议书,约定由陈某承包该项目,陈某与项目部之间工程承包关系确立。在工程承包期间,陈某以中某公司项目部名义向安明某借款 365 万元,出具欠条和还款协议书,并加盖该项目部公章的事实清楚、证据充分,形成了合法的借贷关系,应受法律保护。陈某以项目部的名义多次向原告借款,并在欠条、还款协议书上加盖公章,使原告有理由相信陈某能代表项目部向外借款,该借款行为直接约束项目部。因该项目部不具备独立承担民事责任的能力,故借款偿还责任应由中某公司承担。被告中某公司承担还款责任后有权向实际借款人陈某进行追偿。为避免中某公司以后追偿的诉累，节省司法成本，本案宜将两者纠纷合并处理，由陈某承担直接还款责任，中某公司负连带偿还责任。

律师点评

民间借贷中也经常出现个人以公司名义对外借款，实践中因行为界限存在一定的模糊性，致使行为性质的认定上存在一定的困难。有时候我们需要界定该行为是属于职务行为还是属于个人行为，是表见代理还是无权代理，甚至需要考虑有无涉及刑事可能。本案即属于该类型案件。

（一）表见代理的特征及本案被告行为的法律性质

《民法典》第172条规定，行为人没有代理权、超越代理权或者代理权终止后，仍然实施代理行为，相对人有理由相信行为人有代理权的，代理行为有效。所谓表见代理，是指在相对人客观上有正当理由相信无权代理人具有代理权，而与其为法律行为，该法律行为的效果直接由被代理人承担。一般认为，表见代理的构成要件：代理人的行为属于无权代理且无被代理人的追认，以被代理人的名义进行活动与相对人缔结民事关系，行为人具有相应的民事行为能力，意思表示真实，内容不违背法律或者社会公共利益，客观上相对人相信表见代理人具有代理权的情形，相对人善意且无过失。实践中，部分行为难以认定的案件，其争议焦点也通常集中于相对人是否善意无过失，客观上是否存在足以让相对人相信代理人具有代理权的情形。

本案中陈某的行为可以构成表见代理。《民法典》第172条及《最高人民法院关于当前形势下审理民商事合同纠纷案件若干问题的指导意见》第4条规定，表见代理不仅要求代理人的无权代理行为在客观上形成具有代理权的表象，而且要求相对人在主观上善意且无过失地相信行为人有代理权。合同相对人主张构成表见代理的，应当承担举证责任。中某公司作为项目部的管理单位对于项目部的印章、人员及财务等更有控制和管理权，原告作为债权人相对处于弱势地位。因此，应着重保护债权人利益，即使中某公司不知情，只要债权人为善意的，加盖经理部印章的欠条和还款协议书的行为应为有效，本案应构成表见代理。

（二）民间借贷涉及刑事犯罪的举证责任分配

一般情况下，本着“谁主张，谁举证”的原则，诉讼当事人应当对其主张相关的法律关系提供最低的举证责任。本案中，单位主张该经济纠纷案件中涉及盗用、盗窃单位公章等犯罪行为，应当承担举证责任。但中某公司未提供任何证据予以证明，且公安机关方面一直未有任何进展和结果。另外，陈某出具的欠条及还款协议书上的公章经鉴定真实无误，因此，中某公司的主张缺少依据，应当承担不利后果。

法条链接

《中华人民共和国民法典》

第一百七十二条　行为人没有代理权、超越代理权或者代理权终止后，仍然实施代理行为，相对人有理由相信行为人有代理权的，代理行为有效。

《中华人民共和国民事诉讼法》

第六十七条　当事人对自己提出的主张，有责任提供证据。

当事人及其诉讼代理人因客观原因不能自行收集的证据，或者人民法院认为审理案件需要的证据，人民法院应当调查收集。

人民法院应当按照法定程序，全面地、客观地审查核实证据。

第六十八条　当事人对自己提出的主张应当及时提供证据。

人民法院根据当事人的主张和案件审理情况，确定当事人应当提供的证据及其期限。当事人在该期限内提供证据确有困难的，可以向人民法院申请延长期限，人民法院根据当事人的申请适当延长。当事人逾期提供证据的，人民法院应当责令其说明理由；拒不说明理由或者理由不成立的，人民法院根据不同情形可以不予采纳该证据，或者采纳该证据但予以训诫、罚款。

《最高人民法院关于在审理经济纠纷案件中涉及经济犯罪嫌疑若干问题的规定》

第五条　行为人盗窃、盗用单位的公章、业务介绍信、盖有公章的空白合同书，或者私刻单位的公章签订经济合同，骗取财物归个人占有、使用、处分或者进行其他犯罪活动构成犯罪的，单位对行为人该犯罪行为所造成的经济损失不承担民事责任。

行为人私刻单位公章或者擅自使用单位公章、业务介绍信、盖有公章的空白合同书以签订经济合同的方法进行的犯罪行为,单位有明显过错,且该过错行为与被害人的经济损失之间具有因果关系的,单位对该犯罪行为所造成的经济损失,依法应当承担赔偿责任。

34 什么是套路贷?

最高人民法院、最高人民检察院、公安部、司法部联合出具《关于办理“套路贷”刑事案件若干问题的意见》。该意见着重从套路贷的定义、外观、与民间借贷区别、涉嫌犯罪罪名、共犯构成、犯罪数额等多角度进行了释明。

首先套路贷并非独立的罪名。套路贷是对一系列行为的概括性称谓。实施套路贷可能触犯《刑法》中的多项罪名,如诈骗罪,敲诈勒索、非法拘禁等。

套路贷是以非法占有为目的,以借贷这一民事行为的合法外观,诱使或迫使被害人签订“借贷”或变相“借贷”“抵押”“担保”等相关协议,通过虚增借贷金额、恶意制造违约、肆意认定违约、毁匿还款证据等方式形成虚假债权债务,并借助诉讼、仲裁、公证或者采用暴力、威胁以及其他手段非法占有被害人财物的相关违法犯罪活动的概括性称谓。

套路贷名为民间借贷,实为犯罪。与民间借贷的最大区别在于,民间借贷的出借人借钱是为了利息,而实施套路贷的犯罪嫌疑人则醉翁之意不在酒,目的在于非法占有财产。借了3000元被迫还10万元的受害人大有人在。这其中有两点需要特别注意:

第一,单纯的高息不属于套路贷。虽然法律将中国人民银行授权全国银行间同业拆借中心每月20日发布的一年期贷款市场报价利率(LPR)的4倍作为民间借贷利率的司法保护上限,但是不代表超过这一上限就是犯罪。超过部分只是不受法律保护而已。第二,应当注意非法讨债引发的案件与套路贷案件的区别。不具有非法占有目的,也未使用套路与借款人形成虚假债权债务,不应视为套路贷。因使用暴力、威胁以及其他手段强行索债构成犯罪的,应当根据具体案件事实定罪处罚。司法实践中常见的套路方法如下:

1. 制造民间借贷假象

第一步通过"小额贷款公司""投资公司""咨询公司""担保公司""网络借贷平台"等名义以低息、无抵押、无担保、快速放款等为诱饵吸引被害人借款。

第二步以"保证金""行规"等虚假理由诱使被害人签订金额虚高的"借贷"协议或相关协议。在前一借贷合同无法履行时,还会诱使或迫使被害人签订其他同类型"借贷"或"担保"协议。被害人拆东墙补西墙,一步步陷入套路贷的陷阱。

2. 制造资金走账流水等虚假给付事实

实施套路贷一方按照虚高的"借贷"协议金额将资金转入被害人账户,制造已将全部借款交付被害人的银行流水痕迹,随后便采取各种手段将其中全部或者部分资金收回,被害人实际上并未取得或者完全取得"借贷"协议、银行流水上显示的钱款。

典型的做法,甲签了5万元的借条,银行流水也显示5万元到了甲本人银行卡账户,但实际上,行为人以"砍头息"形式扣取利息,甲并未拿到全部合同价款。

3. 故意制造违约或者肆意认定违约

实施套路贷一方往往会采取设置违约陷阱、制造还款障碍等方式,故意造成被害人违约,或者肆意认定违约,强行要求被害人偿还虚假债务。

4. 恶意垒高借款金额

当被害人无力偿还时,有的犯罪嫌疑人、被告人会安排其所属公司或者指定的关联公司、关联人员为被害人偿还"借款",继而与被害人签订金额更大的虚高"借贷"协议或相关协议,通过这种"转单平账""以贷还贷"的方式不断垒高"债务"。

5. 软硬兼施"索债"

在被害人未偿还虚高"借款"的情况下,犯罪嫌疑人、被告人借助诉讼、仲裁、公证等合法手段或者采用暴力、威胁以及其他手段向被害人或者被害人的特定关系人索取"债务"。

案件介绍

2017年6月,出借人金某与借款人潘某签订一份民间借贷协议。借款协议约定，借款金额为40,000元，借款期限为1个月，借款月利率按1%计算，逾期未还本息将收取每日借款总金额1%的滞纳金。金某以潘某为被告向人民法院提起民事诉讼，请求归还本息以及相应的违约金。人民法院经审理后作出民事判决，支持金某部分诉讼请求。一审判决后，各方均未上诉，民事判决已发生法律效力。

后人民检察院在履行职责中发现潘某等人涉嫌套路贷有关犯罪，严重损害了国家和社会公共利益，启动依职权监督程序，进行了调查和审查，查明事实如下：从2017年3月开始，潘某、朱某恒等人未经依法注册审批，在某大厦开设了"昊瑞"公司，非法从事小额贷款业务。该公司借民间借贷之名，行套路贷犯罪之实，通过向受害人收取保证金、平台费、业务费等虚高手续费用以及"砍头息"，随后以潘某个人名义与被害人签订大幅虚增借款数额的借条，并要求被害人写下还款承诺书，以此达到非法获利的目的。受害人如果逾期不还，潘某会凭借虚增金额借条、还款承诺书等证据，向法院提起诉讼；而受害人往往因为在案前受到胁迫，只能在审判阶段完全"承认"借款事实。

裁判结果

人民检察院于2018年5月向法院提出抗诉，认为原告潘某违反有关法律法规的规定，依据借条大幅虚增借款数额提出诉讼请求，已涉嫌套路贷犯罪，原审法院支持其请求判决金某归还40,000元借款，显属不当。根据抗诉机关的抗诉意见和本案当事人的陈述，法院再审审理后认为，人民法院作为民事纠纷受理的案件，经审理认为不属于民事纠纷而有犯罪嫌疑的，应当裁定撤销一审判决并驳回原告潘某的起诉。

律师点评

"套路贷"犯罪行为人的主观目的是非法侵占他人财产，一般情况下应当以侵财类犯罪定罪处罚。如果行为人在索债时使用了殴打、非法拘禁等暴力手段，或者对被害人及其近亲属使用暴力、胁迫等方法，符合非法拘禁罪、敲诈勒索罪或者抢劫罪的犯罪构成要件的，应当按照相关规定定罪处罚。目前法院对于"套路贷"持"在审判中应当用准、用足、用好法律，对于'套路贷'犯罪集团的首要分子或者其他共同犯罪中的主犯，要依法从重处罚”的态度，因此律师建议，若不慎落入套路贷的陷阱中，应尽早向有关机关求助，以维护自身的合法权益。

法条链接

《最高人民法院关于审理民间借贷案件适用法律若干问题的规定》

第五条　人民法院立案后，发现民间借贷行为本身涉嫌非法集资等犯罪的，应当裁定驳回起诉，并将涉嫌非法集资等犯罪的线索、材料移送公安或者检察机关。

公安或者检察机关不予立案，或者立案侦查后撤销案件，或者检察机关作出不起诉决定，或者经人民法院生效判决认定不构成非法集资等犯罪，当事人又以同一事实向人民法院提起诉讼的，人民法院应予受理。

下　　编

第十章

执行管辖

01 什么是强制执行?

在古代社会,个人利益受到侵害或者发生争议时,多使用自己的力量予以保护,称为自力救济。后来,统治阶级为了维护自身利益,稳定社会秩序,开始运用国家权力保护受到侵犯或者发生争议的个人权益,这就是公力救济。强制执行即公力救济的一种。

强制执行是人民法院按照法定程序,运用国家强制力量,根据发生法律效力的文书中明确具体的执行内容,强制民事义务人完成其所承担的义务,以保证权利人的权利得以实现。启动执行程序第一步是填写申请执行书,并递交至初审人民法院或者与初审人民法院同级的被执行的财产所在地人民法院。人民法院依法强制执行的程序:

1. 立案审查,人民法院在接到申请执行书及有关法律文书后,应审查该执行请求是否合法适当。

2. 通知履行,人民法院决定对义务人强制执行时应当先行通知义务人,在规定的期限内自动履行法定义务,否则将强制执行。

3. 实行强制执行,义务人在通知履行规定的期限内未履行法定义务的,人民法院可以通过采取强制措施的方式来实现执行。强制措施包括查封、冻结扣划、拍卖、变卖等。

4. 执行结束后应将执行情况书面通知申请执行人。

02 什么情况下可以申请执行？执行依据哪些法律文书？向何地法院申请执行？

欠债还钱，天经地义。但现实生活中，经常会遇到欠钱不还的现象，即便是人民法院判决后，也可能会出现拒绝履行的情形。当我们遇到这样的情况时，便可以选择通过向人民法院申请强制执行的方式来维护自己的合法权利。下面我们就来了解一下申请强制执行的具体内容。

1. 什么情况下可以申请强制执行

一方当事人逾期不履行发生法律效力的法律文书确定的义务，对方当事人可以依法向法院申请执行。换句话说，判决、裁定发生法律效力后，债务人未在判决或裁定所确定的期间内履行债务的，债权人可以申请人民法院强制执行。

2. 执行依据哪些法律文书

发生法律效力的文书包括但不限于以下几种：人民法院民事、行政、刑事附带民事判决、裁定、调解书，民事裁决定、支付令，仲裁裁决及具有强制执行力的公证债权文书等。它们一旦生效，义务人即应主动履行。

3. 究竟该向何地法院申请执行

依照《民事诉讼法》第 231 条的规定，发生法律效力的民事判决、裁定，以及刑事判决、裁定中的财产部分，由第一审人民法院或者与第一审人民法院同级的被执行的财产所在地人民法院执行。法律规定由人民法院执行的其他法律文书，由被执行人住所地或者被执行的财产所在地人民法院执行。如下表所示，可以分为三种情况：

法律文书	执行法院
发生法律效力的民事、行政判决、裁定、调解书，以及刑事判决、裁定、调解书中的财产部分	•第一审人民法院执行 •第一审人民法院同级的被执行的财产所在地人民法院执行
发生法律效力的支付令	制作支付令人民法院负责执行
法律规定由人民法院执行的其他法律文书	•被执行人住所地人民法院执行 •被执行的财产所在地人民法院执行

上述规定是关于执行管辖的规定，赋予了申请执行人在执行管辖上的选择权，即在法律确定的范围内选择确定向哪个法院申请执行。法条规定由第一审人民法院或者第一审人民法院同级的被执行财产所在地法院执行是考虑到效率和效益等问题。因为执行程序不同于诉讼程序，执行程序是为实现权利，不需要解决纠纷，效率这一价值在执行程序中更受重视。在被执行人所在地或者被执行财产所在地申请执行，免去了异地执行的诸多不便，对申请执行人和法院来说都是十分有益的。

案件介绍

中铁建设集团物业管理有限公司与韩某某仲裁纠纷一案，中铁建设集团物业管理有限公司于2020年1月7日向北京市第二中级人民法院申请执行。被执行人韩某某，住江苏省涟水县。

法院认为，被执行人韩某某住所地为江苏省涟水县某地，不在北京市第二中级人民法院辖区，且申请执行人未能提供被执行人在北京市第二中级人民法院辖区的财产线索。根据执行管辖的有关规定，仲裁裁决的执行由被执行人住所地或者被执行的财产所在地人民法院执行，故北京市第二中级人民法院对本案没有执行管辖权。

裁判结果

北京市第二中级人民法院裁定，驳回仲裁申请人中铁建设集团物业管理有限公司的执行申请。

律师点评

本案中,生效的法律文书是仲裁裁定,依照《民事诉讼法》第231条的规定,申请执行人中铁建设集团物业管理有限公司应向被执行人的住所地或者被执行的财产所在地人民法院申请执行。需要特别注意的是,如果向被执行的财产所在地人民法院申请执行时,应当提供该人民法院辖区内有可供执行财产的证明材料。

虽然《民事诉讼法》规定,有管辖权的法院不止一个,但是申请执行人不可以重复立案,只能选择一个法院申请执行。根据最高人民法院对重复立案问题的规定,有管辖权的人民法院在立案前发现其他有管辖权的人民法院已经立案的,不得再重复立案;如果该法院已经立案,在立案后才发现其他有管辖权的人民法院已经先立案的,应当撤销案件,并将控制的财产移交给先立案的执行法院处理。

法条链接

《中华人民共和国民事诉讼法》

第二百三十一条　发生法律效力的民事判决、裁定,以及刑事判决、裁定中的财产部分,由第一审人民法院或者与第一审人民法院同级的被执行的财产所在地人民法院执行。法律规定由人民法院执行的其他法律文书,由被执行人住所地或者被执行的财产所在地人民法院执行。

《最高人民法院关于人民法院办理仲裁裁决执行案件若干问题的规定》

第二条第一款　当事人对仲裁机构作出的仲裁裁决或者仲裁调解书申请执行的,由被执行人住所地或者被执行的财产所在地的中级人民法院管辖。

《最高人民法院关于适用〈中华人民共和国民事诉讼法〉执行程序若干问题的解释》

第二条　对两个以上人民法院都有管辖权的执行案件,人民法院在立案前发现其他有管辖权的人民法院已经立案的,不得重复立案。

立案后发现其他有管辖权的人民法院已经立案的,应当撤销案件;已经采取执行措施的，应当将控制的财产交先立案的执行法院处理。

03 首封法院的意义是什么？执行只能在首封法院吗？

（一）什么是首封法院，“首封为王”是什么意思

如果财产所有人债务比较多，出现多个债权人申请查封他的财产，那么首先采取财产保全措施的法院，就称为“首封法院”。在这之后进行查封的，就是轮候查封。

首封法院将首先进入执行程序。根据《最高人民法院关于首先查封法院与优先债权执行法院处分查封财产有关问题的批复》（以下简称《批复》）第 91 条的规定，执行过程中，应当由首先查封、扣押、冻结（以下简称首封）法院负责处分查封财产。

《批复》仍坚持了首封法院处分查封财产的原则，只是在特定情形下，为保障执行效率，才由优先债权法院处分。而且，若没有优先债权存在，就更是“首封为王”了。所以在实践中，取得首封权是非常重要的。

（二）执行只能在首封法院吗

执行并不是只能在首封法院。优先债权执行法院可以要求“首封法院”将查封财产移送执行。根据《批复》的规定，已进入其他法院执行程序的债权对查封财产有顺位在先的担保物权、优先权，自首先查封之日起已超过 60 日，且首先查封法院就该查封财产尚未发布拍卖公告或者进入变卖程序的，优先债权执行法院可以要求将该查封财产移送执行。

简言之，只有在同时符合以下四个条件的情况下，优先债权执行法院才可要求首封法院移送被查封财产的处置权：（1）优先债权为生效法律文书所确认；（2）优先债权执行法院进入了执行程序；（3）自首封权人查封之日起已经超过了 60 日；（4）首封法院尚未就该查封财产发布拍卖公告或者进入变卖程序。

《批复》规定，优先债权执行法院要求首先查封法院将查封财产移送执行的，应当出具商请移送执行函，并附确认优先债权的生效法律文书及案件情况说明。查封法院应当在收到优先债权执行法院商请移送执行函之日起 15 日内出

具移送执行函，将查封财产移送优先债权执行法院执行，并告知当事人。移送执行函应当载明将查封财产移送执行及首先查封债权的相关情况等内容。

财产移送执行后，优先债权执行法院在处分或继续查封该财产时，可以持首封法院移送执行函办理相关手续。

优先债权执行法院对移送的财产变价后，应当按照法律规定的清偿顺序分配，并将相关情况告知首封法院。

案件介绍

晋中市中小企业信用担保有限公司与范某A、范某B追偿权纠纷一案，异议人成某称，收到榆次区人民法院（2019）晋07某某执257号通知，对范某A名下位于榆次区府兴路400号、被申请人范某B名下位于榆次区府兴路400号两套房屋启动评估、拍卖或变卖程序，申请人成某有异议。理由是因申请人成某与被申请人范某A、被申请人范某B借款纠纷一案，在法院业已审理完毕等待判决，待判决下达后，申请人成某也要申请执行。且该案中申请人对上述两套房屋进行了诉前保全查封，为首查封。而该案中对首查封房产进行评估拍卖处置未按规定向首查封方出具商请移送函，未征得首查封方的同意或相应回复。存在严重的程序违法行为。故，申请人成某请求停止对上述两套房屋启动评估、拍卖或变卖程序。

法院经查明后认为，本案中异议人成某首先对上述两套房产采取保全查封措施，申请执行人晋中市中小企业信用担保有限公司追偿权纠纷一案对上述房产进行了轮候查封，但对上述房产享有优先受偿权。参照最高人民法院上述《批复》，享有优先受偿权的执行案件承办人，应当在评估、拍卖前向首查封案件承办人出具商请移送执行函，经首封案件承办人同意后出具移送执行函并将查封财产移送优先权案件承办人。而法院在向异议人发出通知进入评估拍卖之前，并未向首封方出具商请移送函，未接受查封财产移送。另外，法院在对被执行人财产进行评估拍卖前应当对财产先行采取查封、冻结措施，而申请执行人晋中市中小企业信用担保有限公司追偿权纠纷一案中，仅对上述房屋进行了轮候查封，按照法律规定，轮候查封没有实际查封效力，未经首查封方移送执行不能进入评估拍卖程序。可见申请执行人晋中市中小企业信用担保有限公司追偿权纠纷一案对轮候查封的房产进行评估、拍卖违反法定程序，应予以纠正，纠正之后可再行评估、拍卖。故异议人主张法院中止对上述两套房产的评估、拍卖、变卖程序,于法有据,应予支持。

裁判结果

法院裁定,中止对被执行人范某A名下位于榆次区府兴路400号、被申请人范某B名下位于榆次区府兴路400号两套房屋的评估、拍卖、变卖。

律师点评

根据《最高人民法院关于适用〈中华人民共和国民事诉讼法〉的解释》(以下简称《民诉法解释》)、《最高人民法院关于人民法院民事执行中查封、扣押、冻结财产的规定》及《最高人民法院关于查封法院全部处分标的物后轮候查封的效力问题的批复》的相关规定,首先查封法院取得处分查封财产的权利,而轮候期间不产生查封效力,轮候法院一般无权对该财产直接进行处分。

本案中,轮候法院虽然是享有优先受偿权的执行案件承办人,但在评估、拍卖前未向首查封案件承办人出具商请移送执行函,不符合《批复》的规定程序,因此不能直接对房产进行评估、拍卖、变卖。

法条链接

《最高人民法院关于人民法院民事执行中查封、扣押、冻结财产的规定》

第二十六条 对已被人民法院查封、扣押、冻结的财产,其他人民法院可以进行轮候查封、扣押、冻结。查封、扣押、冻结解除的,登记在先的轮候查封、扣押、冻结即自动生效。

其他人民法院对已登记的财产进行轮候查封、扣押、冻结的,应当通知有关登记机关协助进行轮候登记,实施查封、扣押、冻结的人民法院应当允许其他人民法院查阅有关文书和记录。

其他人民法院对没有登记的财产进行轮候查封、扣押、冻结的,应当制作笔录,并经实施查封、扣押、冻结的人民法院执行人员及被执行人签字,或者书面通知实施查封、扣押、冻结的人民法院。

04 执行过程中,申请执行人可以申请换法院吗?

实践中,经常有当事人问,我已经向法院申请强制执行了,但是一直没有结果,抵押的房产也迟迟未启动拍卖。遇到这种情况,我可以申请换执行法院吗?

答案是肯定的,但需要符合一定的条件。

《民事诉讼法》明确规定了在一定条件赋予申请执行人可申请更换执行法院的权利,并就申请更换执行法院的事由、条件、程序、处理方法等作出相应的法律规定。

《民事诉讼法》第233条规定,人民法院自收到申请执行书之日起超过6个月未执行的,申请执行人可以向上一级人民法院申请执行。上一级人民法院经审查,可以责令原人民法院在一定期限内执行,也可以决定由本院执行或者指令其他人民法院执行。

《最高人民法院关于适用〈中华人民共和国民事诉讼法〉执行程序若干问题的解释》第10条规定:"依照民事诉讼法第二百二十六条的规定,有下列情形之一的,上一级人民法院可以根据申请执行人的申请,责令执行法院限期执行或者变更执行法院:

(一)债权人申请执行时被执行人有可供执行的财产,执行法院自收到申请执行书之日起超过六个月对该财产未执行完结的;

(二)执行过程中发现被执行人可供执行的财产,执行法院自发现财产之日起超过六个月对该财产未执行完结的;

(三)对法律文书确定的行为义务的执行,执行法院自收到申请执行书之日起超过六个月未依法采取相应执行措施的;

(四)其他有条件执行超过六个月未执行的。"

案件介绍

申请执行人陈某依据射阳县人民法院(2014)射民初字第01229号民事调解书,申请执行被执行人钱某、王A、王B、栾某民间借贷纠纷一案,射阳县人民法院于2015年2月6日立案执行。现申请执行人陈某以该案尚未执行完毕,而射阳县人民法院长期未予恢复执行、对被执行人采取执行强制措施等为由,向江苏省盐城市中级人民法院申请指定执行。

裁判结果

江苏省盐城市中级人民法院裁定,射阳县人民法院(2014)射民初字第01229号民事调解书由盐城经济技术开发区人民法院执行。

律师点评

执行实践中,须特别注意:

1. 审查申请变更执行法院的事由。申请变更法院的事由只能是原执行法院有条件采取执行措施而在规定期限内未采取或虽采取相应执行措施,但未及时处置,且无正当理由拖延执行。因客观原因在规定期限内未执行的,不得成为变更执行法院的事由。

2. 严格把握"超过六个月未执行"的时间。即从执行法院立案之日起开始计算,但鉴定期间、公告期间、和解期间、评估期间等不得计算在6个月期限内。

3. 把握消极执行情况。在消极执行情况下,应赋予申请执行人更换执行法院的执行救济权,其中,关键应把握执行法院应当在执行程序中依法实施的执行行为却未依法实施,并超过6个月的期限。

法条链接

《中华人民共和国民事诉讼法》

第二百三十三条　人民法院自收到申请执行书之日起超过六个月未执行的,申请执行人可以向上一级人民法院申请执行。上一级人民法院经审查,可以责令原人民法院在一定期限内执行,也可以决定由本院执行或者指令其他人民法院执行。

《最高人民法院关于适用〈中华人民共和国民事诉讼法〉执行程序若干问题的解释》

第十条　依照民事诉讼法第二百二十六条的规定,有下列情形之一的,上一级人民法院可以根据申请执行人的申请,责令执行法院限期执行或者变更执行法院:

(一)债权人申请执行时被执行人有可供执行的财产,执行法院自收到申请执行书之日起超过六个月对该财产未执行完结的;

(二)执行过程中发现被执行人可供执行的财产,执行法院自发现财产之日起超过六个月对该财产未执行完结的;

(三)对法律文书确定的行为义务的执行,执行法院自收到申请执行书之日起超过六个月未依法采取相应执行措施的;

(四)其他有条件执行超过六个月未执行的。

第十一章

执行申请及受理

05 执行依据中给付内容不明确怎么办?

执行实践中,生效法律文书确定的执行内容不明确,常常会给执行工作造成一定困扰,引发执行纠纷,如涉执信访等。

《最高人民法院关于人民法院执行工作若干问题的规定(试行)》第16条第1款规定了人民法院受理执行案件应当符合的条件,其中第3项为"申请执行的法律文书有给付内容,且执行标的和被执行人明确";《民诉法解释》第463条第1款明确规定,"当事人申请人民法院执行的生效法律文书应当具备下列条件:(一)权利义务主体明确;(二)给付内容明确"。法律文书确定继续履行合同的,应当明确继续履行的具体内容。

据此可见,向人民法院申请强制执行的生效法律文书必须符合给付内容明确的条件。但若执行依据中给付内容不明确且发生异议时:

1. 执行法院应根据文义或文书制作机构的解释对给付内容予以确认,可以在明确给付内容之后对执行异议作出处理裁定,否则执行法院作出的处理裁定不应被支持。

2. 若执行内容不够明确,且当事人双方无法协商达成一致的,债权人无权要求在执行程序中进行解决，债权人另行起诉确认给付内容。

综上，在执行法院执行给付内容不明确的生效法律文书时，若不明确执行依据中的给付内容即对当事人的异议请求予以处理的，当事人可针对该处理裁定向上级法院申请撤销。

案件介绍

河南省郑州市中级人民法院（以下简称郑州中院）于2016年3月22日作出（2016）豫01行初67号行政判决书，判决洛阳市人民政府继续履行其与王某签订的洛阳新区拓展区撤村并城拆迁补偿协议。

郑州中院依王某提出的申请，于2016年7月6日立案执行。在执行过程中，郑州中院认定洛阳市人民政府已按洛阳新区拓展区撤区并城拆迁补偿协议确定的义务履行完毕，申请执行人王某附带提出的要求洛阳市人民政府尽快分配其拆迁安置房屋240平方米（其享有房屋分配优先权）、承担2013年至今其因处理本案件由此产生的交通费和拆迁过渡费、支付其2011年10月17日至今政府预留购房款所产生的利息等项执行主张不属于本案执行范围，郑州中院于2017年1月4日作出（2016）豫01执字第902号执行裁定，驳回王某的强制执行申请。

王某向郑州中院提出异议，请求撤销（2016）豫01执字第902号执行裁定。

郑州中院认为，上述主张中关于房屋分配优先权、交通费、拆迁过渡费及利息部分，并未在补偿协议中约定，不属于该案强制执行的内容。关于分配安置房的部分，该院认为执行依据仅仅判令被执行人继续履行协议，但并未明确继续履行的具体内容，该案执行标的不明确，无法执行，应当驳回其执行申请。郑州中院于2017年3月20日作出（2017）豫01执异119号执行裁定，驳回王某的异议请求。

王某不服异议裁定，以与异议阶段相同的理由向河南省高级人民法院申请复议，请求撤销郑州中院（2017）豫01执异119号执行裁定，依法责令洛阳市人民政府严格按照判决完全履行洛阳新区拓展区撤村并城拆迁补偿协议及附件内容。

河南省高级人民法院认为，郑州中院行政判决书确定洛阳市人民政府继续履行拆迁补偿协议，但没有明确继续履行的具体内容，该案执行依据给付内容不明确。故于2017年9月6日作出（2017）豫执复64号执行裁定：驳回复议申请人王某的复议申请，维持郑州中院(2017)豫01执异119号异议裁定。

王某不服，向最高人民法院申诉，请求撤销河南省高级人民法院(2017)豫执复64号执行裁定，尽快执行郑州中院(2016)豫行初67号行政判决。

裁判结果

最高人民法院认为，本案执行依据关于继续履行的具体内容并不明确，郑州中院驳回王某的执行申请并无不当，郑州中院、河南省高级人民法院的异议裁定、复议裁定也并无不妥。申诉人关于洛阳市人民政府履行交付安置房义务等请求，可以通过另行诉讼等方式主张。裁定驳回王某的申诉。

律师点评

本案的焦点问题是本案执行依据是否有明确的执行内容。

《民诉法解释》第463条规定："当事人申请人民法院执行的生效法律文书应当具备下列条件：(一)权利义务主体明确；(二)给付内容明确。法律文书确定继续履行合同的，应当明确继续履行的具体内容"。《最高人民法院关于人民法院执行工作若干问题的规定(试行)》第16条亦规定："人民法院受理执行案件应当符合下列条件：……(3)申请执行的法律文书有给付内容，且执行标的和被执行人明确"。因此，执行依据有明确的执行内容是当事人申请执行的基本条件。

2017年江苏省高级人民法院颁布了《关于执行内容不明确如何执行有关问题的通知》，就出现给付内容不明确的执行依据问题作了规定，对执行依据的生效裁判内容不明确时的解决方法提供了以下解决思路：

首先，执行法官结合执行依据生效裁判的文义，审查确定生效裁判中的具体给付内容。

其次，如果依然无法确定生效判决中的具体给付内容，则请求执行法官先行征询作出该生效裁判文书机构的意见。在此期间，对于当事人存在巨大争议的裁判内容，执行法官不能直接作出解释。

最后，如作出该生效裁判机构无正当理由不予补正或不予正式解释，或者虽经解释说明但仍然不能明确具体给付内容的，则执行法院可根据《最高人民法院关于人民法院执行工作若干问题的规定(试行)》第16条之规定精神，裁定驳回执行申请。

此时，申请人可向法院另行起诉。

法条链接

《最高人民法院关于人民法院执行工作若干问题的规定（试行）》

16. 人民法院受理执行案件应当符合下列条件：

(1)申请或移送执行的法律文书已经生效；

(2)申请执行人是生效法律文书确定的权利人或其继承人、权利承受人；

(3)申请执行的法律文书有给付内容，且执行标的和被执行人明确；

(4)义务人在生效法律文书确定的期限内未履行义务；

(5)属于受申请执行的人民法院管辖。

人民法院对符合上述条件的申请，应当在七日内予以立案；不符合上述条件之一的，应当在七日内裁定不予受理。

《最高人民法院关于适用〈中华人民共和国民事诉讼法〉的解释》

第四百六十三条　当事人申请人民法院执行的生效法律文书应当具备下列条件：

(一)权利义务主体明确；

(二)给付内容明确。

法律文书确定继续履行合同的，应当明确继续履行的具体内容。

06 担保合同能否公证后不经诉讼，直接赋予强制执行效力？

案件介绍

2013年8~9月，富源公司与奥蒙公司签订15份保证合同，为苏某等15人向奥蒙公司借款提供担保。富源公司与借款人及其他保证人共同向临沂市东信公证处提交公证申请书，申请对与奥蒙公司签订的借款合同、保证合同进行公证。

2015年11月10日，奥蒙公司向临沂市东信公证处申请执行证书，公证处于11月12日出具了15份执行证书。奥蒙公司持公证书及执行证书向临沂市河东区人民法院申请强制执行，案号分别为(2016)鲁1312执字第232~235号、第237~247号。

案件在执行过程中，富源公司提出执行异议，申请对公证债权文书不予执行。异议人富源公司称，法院作出的(2016)鲁1312执字第232~235号、第237~247号执行裁定书的执行依据为临沂市东信公证处作出的《具有强制执行效力的债权文书公证书》，但该批公证文书内容与事实不符、严重违反法定程序，不应作为执行依据。请求法院撤销上述执行裁定书，终止对异议人的执行。

临沂市河东区人民法院认为，关于本案所涉公证债权文书能否被赋予强制执行效力的问题。本案被赋予强制执行效力的是借款合同及保证合同，《最高人民法院关于人民法院办理执行异议和复议案件若干问题的规定》第22条规定："公证债权文书对主债务和担保债务同时赋予强制执行效力的，人民法院应予执行；仅对主债务赋予强制执行效力未涉及担保债务的，对担保债务的执行申请不予受理；仅对担保债务赋予强制执行效力未涉及主债务的，对主债务的执行申请不予受理。人民法院受理担保债务的执行申请后，被执行人仅以担保合同不属于赋予强制执行效力的公证债权文书范围为由申请不予执行的，不予支持。"据此，公证机关可以对借款合同及担保合同赋予强制执行效力。遂裁定驳回富源公司的异议。

复议申请人富源公司不服临沂市河东区人民法院(2017)鲁1312执异83号执行裁定，向山东省临沂市中级人民法院申请复议。

裁判结果

法院经审查认为，复议申请人富源公司所提出的四项复议理由与其异议理由一致，对其异议理由，临沂市河东区人民法院在该院作出的(2017)鲁1312执异83号执行裁定中均予以进行了详细的分析阐述和认定处理。

法院认为，临沂市河东区人民法院作出的分析认定及处理意见符合相关法律规定和本案查证的相关事实，法院对此予以认可并支持。驳回复议申请人富源公司的复议申请，维持临沂市河东区人民法院(2017)鲁1312执异83号执行裁定。

律师点评

本案中，根据《最高人民法院关于人民法院办理执行异议和复议案件若干问题的规定》第22条的规定，“公证债权文书对主债务和担保债务同时赋予强制执行效力的，人民法院应予执行。……人民法院受理担保债务的执行申请后，被执行人仅以担保合同不属于赋予强制执行效力的公证债权文书范围为由申请不予执行的，不予支持”。依据上述司法解释的规定，公证债权文书可以对主债务和担保债务同时赋予强制执行效力。

法条链接

《最高人民法院关于人民法院办理执行异议和复议案件若干问题的规定》

第二十二条　公证债权文书对主债务和担保债务同时赋予强制执行效力的，人民法院应予执行；仅对主债务赋予强制执行效力未涉及担保债务的，对担保债务的执行申请不予受理；仅对担保债务赋予强制执行效力未涉及主债务的，对主债务的执行申请不予受理。

人民法院受理担保债务的执行申请后，被执行人仅以担保合同不属于赋予强制执行效力的公证债权文书范围为由申请不予执行的，不予支持。

07 申请执行有时效吗？超过时效怎么办？

执行时效是诉讼时效的一种，指债权人依据人民法院的胜诉判决申请强制执行的时效期间。当期间届满时，债务人获得抗辩权。即在法律规定的期间内，权利人提出申请强制执行请求的，人民法院可以强制义务人履行所承担的义务；在法定的诉讼时效期间届满之后，申请执行人申请强制执行的，人民法院仍应予受理，但是若被申请人对申请执行时效期间提出异议，人民法院经审查异议成立的，裁定不予执行。

《民事诉讼法》第246条第1款规定申请执行的期间为2年。

债务分期履行时，根据《民事诉讼法》第246条第2款的规定，申请执行的期间“法律文书规定分期履行的,从规定的每次履行期间的最后一日起计算”。

案件介绍

在禹城农行与马A、马B、褚某金融借款合同纠纷一案中,禹城市人民法院于2014年12月4日作出(2014)禹商初字第604号民事判决:(1)被告马A偿还原告禹城农行借款本金49,921.44元及利息;(2)被告马B、褚某对上述第一判项承担连带清偿责任。上述给付内容限于本判决生效后3日内履行完毕。禹城市人民法院(2014)禹商初字第604号民事判决书已于2014年12月12日发生法律效力。

法院于2019年8月14日以(2019)鲁1482执1085号案件立案执行,并于2019年8月16日向异议人马B发出执行通知书、报告财产令。后异议人马B对申请执行时效期间向法院提出书面异议,法院于2020年1月14日立案审查。

法院查明:禹城农行提交的《申请执行书》落款时间为2019年2月21日,法院《执行案件立案登记表》显示:收到材料日期为2019年7月19日。

法院认为,《民事诉讼法》(2017版)第239条第1款明确规定:“申请执行的期间为二年。申请执行时效中止、中断,适用法律有关诉讼时效中止、中断的规定。”本案所涉禹城市人民法院(2014)禹商初字第604号民事判决书于2014年12月12日发生法律效力,该判决规定履行期间为判决生效后3日内,而禹城农行到2019年才提起对异议人马B等人的强制执行申请,其间有长达4年多的时间,明显超过了上述法律规定的2年的申请执行期间;在对异议人马B的执行申请不存在申请执行时效中止、中断的情形下,应当认定异议人马B所提出对其执行申请超过申请执行时效期间的异议成立。

裁判结果

异议人马B所提出对其执行申请超过申请执行时效期间的异议成立,对其不予执行。撤销禹城市人民法院(2019)鲁1482执1085号案件中对异议人马B的相关执行行为。

律师点评

申请执行期限本质是当事人在一定期间内不行使权利将在一定程度上丧失

人民法院对其民事权利的保护的制度,实质上是对当事人诉权的规定。若权利人手握生效法律文书,却长时间不向义务人要求履行,亦不申请法院强制执行,则与私权纠纷发生后,当事人长时间不为任何主张权利之行为造成的后果类似,使已经变动的法律关系得不到稳定。因而,从制度价值上看,申请期限在于督促权利人及时行使权利,避免法律关系长期处于不确定状态。

在此特别提醒权利人,在收到生效法律文书时,一定要及时行使自己的权利,不要以为手握生效判决就万事大吉,否则,将可能承担无法强制执行的不利后果。

法条链接

《中华人民共和国民事诉讼法》

第二百四十六条　申请执行的期间为二年。申请执行时效的中止、中断,适用法律有关诉讼时效中止、中断的规定。

前款规定的期间,从法律文书规定履行期间的最后一日起计算;法律文书规定分期履行的,从规定的每次履行期间的最后一日起计算;法律文书未规定履行期间的,从法律文书生效之日起计算。

《中华人民共和国民法典》

第一百八十八条　向人民法院请求保护民事权利的诉讼时效期间为三年。法律另有规定的,依照其规定。

诉讼时效期间自权利人知道或者应当知道权利受到损害以及义务人之日起计算。法律另有规定的,依照其规定。但是,自权利受到损害之日起超过二十年的,人民法院不予保护;有特殊情况的,人民法院可以根据权利人的申请决定延长。

08 唯一住房能被拍卖吗?

很多时候,被执行人将其房屋抵押给银行,并且由于其无法还清借款,导致房屋被法院拍卖。如果该抵押房屋是其唯一住房,那么法院是否仍然能够进行拍卖?

根据《最高人民法院关于人民法院民事执行中查封、扣押、冻结财产的规定》第4条的规定,对被执行人及其所扶养的家属生活必需的居住房屋,人民法院可以查封,但不得拍卖、变卖或者抵债。

特别值得注意的是法条中所运用的"生活必需"这个限定词,也就是说,唯一一套住房只有在符合"生活必需"的情况下才不可以被强制拍卖,如果不符合该条件,也是可以被法院强制拍卖的。

2020年最高人民法院新修正的《关于人民法院办理执行异议和复议案件若干问题的规定》第20条规定,"金钱债权执行中,符合下列情形之一,被执行人以执行标的系本人及所扶养家属维持生活必需的居住房屋为由提出异议的,人民法院不予支持:

(一)对被执行人有扶养义务的人名下有其他能够维持生活必需的居住房屋的;

(二)执行依据生效后,被执行人为逃避债务转让其名下其他房屋的;

(三)申请执行人按照当地廉租住房保障面积标准为被执行人及所扶养家属提供居住房屋,或者同意参照当地房屋租赁市场平均租金标准从该房屋的变价款中扣除五至八年租金的。

执行依据确定被执行人交付居住的房屋,自执行通知送达之日起,已经给予三个月的宽限期,被执行人以该房屋系本人及所扶养家属维持生活的必需品为由提出异议的,人民法院不予支持"。

案件介绍

刘某与王某民间借贷纠纷一案,法院作出的(2015)德城民初字第1298号民事调解书发生法律效力,法院立案执行,案号:(2016)鲁1402执590号,恢复执行案号:(2020)鲁1402执恢31号。因被执行人未履行义务,法院于2019年10月18日作出(2016)鲁1402执590号执行裁定书,裁定对登记在异议人名下的坐落于天衢中路南龙国际花园6号楼2单元8层801号房产(产权证号:××号)含附属物进行评估、拍卖(变卖)。

异议人(被执行人)王某向法院提出书面执行异议,法院受理后,依法组成合议庭进行了审查,现已审查终结。

异议人称,依照法律规定,对被执行人及其所抚养家属生活所必需的居住房屋,人民法院可以查封但不得拍卖、变卖或者抵债。现法院(2016)鲁1402执590号裁定书拍卖的房产是异议人和儿子生活所必需的唯一一套住房,母子没有任何其他财产,且银行按揭贷款没有还清。异议人自2015年身患癌症,因手术多次化疗和药物治疗,欠下50多万元的治疗费用。儿子也因家庭经济困难导致离婚。为此,请求法院保护国家赋予的人权,停止对涉案房产的评估及拍卖。

申请执行人辩称,异议人名下的财产符合拍卖条件,法院评估、拍卖具有法律依据。异议人的陈述理由不实。异议人的儿子在北京工作,月收入3万元;异议人的疾病早已恢复,经营直销自己也有收入。其考虑异议人的身体状况,一直没有申请强制执行。现异议人的身体及经济状况均有好转,却故意拖延时间不履行还款义务,已经违背了诚信原则。综上,异议人的异议不能成立,应予驳回。

裁判结果

法院认为,法院执行的(2015)德城民初字第1298号民事调解书,其执行标的系对金钱债权执行。按照上述规定,即使涉案房产为异议人名下唯一住房,只要保障异议人本人及所扶养家属维持必需的生活居住,法院也可以执行,包括评估、拍卖或变卖。综上,异议人的异议理由不能成立,法院不予支持。为此,依照《民事诉讼法》第225条的规定,裁定驳回异议人(被执行人)王某的执行异议请求。

律师点评

司法实践当中对于查封被执行人唯一住房(生活所必需的居住房屋)是没有争议的,但是对于司法拍卖、变卖被执行人的唯一住房进行了严格限制。即须符合《最高人民法院关于人民法院办理执行异议和复议案件若干问题的规定》第20条规定的三种情形,则执行法院可以强制执行被执行人的唯一住房。

法院发现王某虽然的确一家人只有一处住房,但该住房的面积高达150平方米,已经远远超过了人均必需住房面积。因此,此案中的住房并不受“被执行人必需住房不被拍卖”条例保护。

唯一住房并不代表就是唯一生活居住房屋。比如,在执行过程中,法院发现唯一一套住房是别墅,面积有200平方米,已经超过了人均住房面积。那么这类住房就属于不能拍卖的生活所必需的居住房屋。本着“可以以小换大、以差换好、以远换近,不能以无换有”的原则,只要原告方可以提供给被告方一处住所,该房屋就可以被执行。在被执行人的唯一住房被拍卖或抵押后,按照规定,法院需给出6个月的宽限期,对当事人临时需求住房提供法律保障。

法条链接

《最高人民法院关于人民法院办理执行异议和复议案件若干问题的规定》

第二十条 金钱债权执行中,符合下列情形之一,被执行人以执行标的系本人及所扶养家属维持生活必需的居住房屋为由提出异议的,人民法院不予支持:

(一)对被执行人有扶养义务的人名下有其他能够维持生活必需的居住房屋的;

(二)执行依据生效后,被执行人为逃避债务转让其名下其他房屋的;

(三)申请执行人按照当地廉租住房保障面积标准为被执行人及所扶养家属提供居住房屋,或者同意参照当地房屋租赁市场平均租金标准从该房屋的变价款中扣除五至八年租金的。

执行依据确定被执行人交付居住的房屋,自执行通知送达之日起,已经给予三个月的宽限期,被执行人以该房屋系本人及所扶养家属维持生活的必需品为由提出异议的,人民法院不予支持。

《最高人民法院关于人民法院民事执行中查封、扣押、冻结财产的规定》

第四条 对被执行人及其所扶养家属生活所必需的居住房屋,人民法院可以查封,但不得拍卖、变卖或者抵债。

09 发现被执行人有未支取收入和到期债权，能直接申请法院执行吗？

被执行人收入主要指金钱收入，其形式主要是指工资、奖金、劳务报酬、稿费、咨询费等。负有支取收入义务的协助执行人，具有特定含义，系指负有向被执行人给付工资、奖金、劳务报酬等义务的用人单位。

同时《最高人民法院关于人民法院执行工作若干问题的规定（试行）》第七部分规定了“被执行人到期债权的执行”相关制度。对于被执行人到期债权的执行，必须符合三项要件：

1. 第三人向被执行人负有金钱债务；
2. 该债务已届履行期限；
3. 第三人对该债务并未提出异议。

综上，法院可直接执行被执行人的未支取收入，但能否执行到期债权取决于次债务人是否提出执行异议。

案件介绍

2016年10月11日襄阳市樊城区人民法院作出（2016）鄂0606民初3791号民事判决，判令中房集团襄阳公司偿还杨某借款30.80万元及利息。判决生效后，中房集团襄阳公司未按期履行还款义务，杨某于2016年10月28日向法院申请执行。

法院向高新区土地储备中心发出（2016）鄂0606执2149号之一执行裁定书及（2016）鄂0606执协2149号协助执行通知书，要求高新区土地储备中心协助扣留、提取中房集团襄阳公司的收入42万元。高新土储中心向法院提出书面异议，法院受理后，于2016年12月14日作出（2016）鄂0606执异107号执行裁定书，驳回高新区土地储备中心的异议请求。高新区土地储备中心不服，向襄阳市中级人民法院申请复议，襄阳市中级人民法院于2017年2月17日作出（2017）鄂06执复12号执行裁定书，撤销本院（2016）鄂0606执异107号异议裁定；发回重审。法院重审立案后，另行组成合议庭，依法进行审查，现已审查终结。异议人高新区土地储备中心称,异议人非执行案件被执行人,与中房集团襄阳公司无任何关系,仅与中房集团襄阳房地产开发股份有限公司直属二公司(以下简称中房直属二公司)签订过补偿协议,且裁定扣留的款项已达到438万元之多,超过异议人剩余应付补偿款的范围,上述补偿款由财政部门拨付,在补偿款未拨付到位的情况下,异议人无法向中房直属二公司支付,故请求本院撤销(2016)鄂0606执协2149号协助执行通知书和相对应的执行裁定。

法院认为,在执行杨某与中房集团襄阳公司民间借贷纠纷案中,法院向高新区土地储备中心发出的执行裁定书及协助执行通知中所涉及的协助执行款项,实际为对被执行人到期债权的执行,应按《最高人民法院关于人民法院执行工作若干问题的规定(试行)》第61条、第63条的规定办理。高新区土地储备中心作为本案利害关系人向本院提出的书面异议有效,法院对其异议不应进行审查,并不得对高新区土地储备中心强制执行,故高新区土地储备中心申请撤销(2016)鄂0606执2149号之一执行裁定书及(2016)鄂0606执协2149号协助执行通知书的请求,法院予以支持。如中房集团襄阳公司确有怠于行使债权的行为,申请执行人可另行提起代位权诉讼解决。

裁判结果

裁定:撤销2016年11月3日作出的(2016)鄂0606执2149号之一执行裁定书及(2016)鄂0606执协2149号协助执行通知书中载明的要求高新区土地储备中心协助扣留、提取被执行人中房集团襄阳公司在高新区土地储备中心的收入42万元,并将该款交存至法院执行款账户的执行内容。

律师点评

原则上,面对到期债权的债务人(第三人)提出的异议,无论异议是否成立,执行法院均不应进行实质审查,应释明申请执行人提起代位权诉讼予以救济,而不得予以强制执行。所以第三人若有异议,一定要及时提出。

如果第三人未提出异议,但被执行人对法院执行到期债权提异议并认为,法院执行到期债权,应提前通知被执行人。这种情况下,被执行人未按执行通知履行法律文书确定的义务,人民法院有权扣留、提取被执行人应当履行义务部分的收入。被执行人不能清偿债务，但对第三人享有到期债权的，法院可以向第三人发出履行到期债务的通知。

人民法院作出划拨、提取裁定，是依职权作出的强制执行措施，该裁定送达给负有履行到期债务的第三人时即发生效力，无须提前通知被执行人。

所以，一旦成为被执行人，就要注意到期债权的妥善处理。

法条链接

《最高人民法院关于人民法院执行工作若干问题的规定（试行）》

45. 被执行人不能清偿债务，但对本案以外的第三人享有到期债权的，人民法院可以依申请执行人或被执行人的申请，向第三人发出履行到期债务的通知（以下简称履行通知）。履行通知必须直接送达第三人。

履行通知应当包含下列内容：

（1）第三人直接向申请执行人履行其对被执行人所负的债务，不得向被执行人清偿；

（2）第三人应当在收到履行通知后的十五日内向申请执行人履行债务；

（3）第三人对履行到期债权有异议的，应当在收到履行通知后的十五日内向执行法院提出；

（4）第三人违背上述义务的法律后果。

46. 第三人对履行通知的异议一般应当以书面形式提出，口头提出的，执行人员应记入笔录，并由第三人签字或盖章。

47. 第三人在履行通知指定的期间内提出异议的，人民法院不得对第三人强制执行，对提出的异议不进行审查。

48. 第三人提出自己无履行能力或其与申请执行人无直接法律关系，不属于本规定所指的异议。

第三人对债务部分承认、部分有异议的，可以对其承认的部分强制执行。

49. 第三人在履行通知指定的期限内没有提出异议，而又不履行的，执行法院有权裁定对其强制执行。此裁定同时送达第三人和被执行人。

50. 被执行人收到人民法院履行通知后，放弃其对第三人的债权或延缓第三人履行期限的行为无效，人民法院仍可在第三人无异议又不履行的情况下予以强制执行。

51. 第三人收到人民法院要求其履行到期债务的通知后，擅自向被执行人履行，造成已向被执行人履行的财产不能追回的，除在已履行的财产范围内与被执行人承担连带清偿责任外，可以追究其妨害执行的责任。

52. 在对第三人作出强制执行裁定后，第三人确无财产可供执行的，不得就第三人对他人享有的到期债权强制执行。

53. 第三人按照人民法院履行通知向申请执行人履行了债务或已被强制执行后，人民法院应当出具有关证明。

《最高人民法院关于适用〈中华人民共和国民事诉讼法〉的解释》

第五百零一条　人民法院执行被执行人对他人的到期债权，可以作出冻结债权的裁定，并通知该他人向申请执行人履行。

该他人对到期债权有异议，申请执行人请求对异议部分强制执行的，人民法院不予支持。利害关系人对到期债权有异议的，人民法院应当按照民事诉讼法第二百二十七条规定处理。

对生效法律文书确定的到期债权，该他人予以否认的，人民法院不予支持。

10 执行司法拍卖房产的过程中，要保护承租人利益吗？

案件介绍

2015 年 1 月 8 日，异议人李某东与被执行人腾冲县润裕商贸有限公司签订一份《土地使用权租赁协议》，约定被执行人将其位于腾冲市腾越镇文星社区饮马河小区[证号："腾国用（2013）第 118831 号"；地号：533023101 - OH - 22 - 52]的土地出租给异议人使用。租赁期限 20 年。租金 1600 万元应在签订协议后 10 日内一次性付清。异议人已按约支付租金并实际占用租赁物。

2019 年 3 月 15 日，法院立案受理王某庆、邹某富申请执行腾冲县润裕商贸有限公司合同纠纷一案，由被执行人返还申请执行人土地转让款及相应利息。2019 年 3 月 27 日，法院依职权查封了上述土地。2019 年 6 月 24 日，法院作出（2019）云 05 执 197 号之一执行裁定书，拍卖案涉土地使用权。2019 年 7 月 1

日,法院发布的"关于腾冲市腾越镇文星社区饮马河小区国有土地使用权的拍卖公告"中未涉及李某东租赁土地的相关信息。

异议人李某东对执行拍卖位于腾冲市腾越镇文星社区饮马河小区国有土地使用权公告不服,向法院提出书面异议。异议人李某东请求事项:(1)请求法院确认异议人租赁权合法有效;(2)请求法院对案涉土地使用权保留租赁权进行拍卖,并在拍卖公告中予以披露。

裁判结果

法院认为,异议人李某东在本院执行拍卖过程中提出,要求法院"带租拍卖"及在拍卖公告时披露案涉土地租赁情况,该异议属于利害关系人的执行行为异议,应适用《民事诉讼法》第225条的规定进行审查。裁定异议人的异议请求成立。

律师点评

本案中,由于异议人的租赁权产生于案涉房屋查封前,根据《民法典》第725条"租赁物在承租人按照租赁合同占有期限内发生所有权变动的,不影响租赁合同的效力"的规定,法院查封前存在合法租赁关系的,承租人租赁的标的物即使被人民法院执行拍卖、变卖,不会导致租赁权消灭。对于异议人主张的"带租拍卖"的请求能否成立的问题,根据《最高人民法院关于人民法院民事执行中拍卖、变卖财产的规定》第28条的规定可知,司法拍卖对于担保物权采用涤除主义,而对于租赁权及其他用益物权采用承受主义。故在执行程序中对于租赁权的处理方式一般为保留租赁权进行拍卖,在拍卖公告中予以披露,同时通知承租人行使优先购买权。故异议人请求的"带租拍卖"及在拍卖公告中披露租赁信息的请求成立。

法条链接

《中华人民共和国民法典》

第四百零五条　抵押权设立前,抵押财产已经出租并转移占有的,原租赁关系不受该抵押权的影响。

《最高人民法院关于人民法院民事执行中拍卖、变卖财产的规定》

第十一条 人民法院应当在拍卖五日前以书面或者其他能够确认收悉的适当方式,通知当事人和已知的担保物权人、优先购买权人或者其他优先权人于拍卖日到场。

优先购买权人经通知未到场的,视为放弃优先购买权。

第二十八条 拍卖财产上原有的担保物权及其他优先受偿权,因拍卖而消灭,拍卖所得价款,应当优先清偿担保物权人及其他优先受偿权人的债权,但当事人另有约定的除外。

拍卖财产上原有的租赁权及其他用益物权,不因拍卖而消灭,但该权利继续存在于拍卖财产上,对在先的担保物权或者其他优先受偿权的实现有影响的,人民法院应当依法将其除去后进行拍卖。

11 对执行拍卖结果不服时,是否可以要求撤销拍卖?

对执行拍卖的结果不服时,并非一定可以要求撤销拍卖。异议人要求撤销拍卖需符合法定事由,如执行拍卖存在违法情形等,才可以依照法定程序向法院提出撤销申请,获得救济。

案件介绍

申请执行人付某与被执行人付某A、张某民间借贷纠纷一案,法院依据已经发生法律效力的(2015)榆民初字第05596号民事判决书。在执行过程中,法院于2016年4月1日作出了(2016)陕0802执244号之一执行裁定书,裁定预查封被执行人张某购买的位于西安市××区××城××路××小区××号房产一套(合同编号:Y13001538,预售许可证号:201××××)。榆林市中级人民法院司法技术室委托陕西诚信房地产评估有限公司对案涉房屋予以评估,该公司于2017年8月20日作出的陕诚房估〔2017〕第S108号房地产评估意见书,评估价格为183.69万元。法院于2018年8月22日作出了(2018)陕0802执恢645号执行裁定书,裁定拍卖被执行人张某购买的位于西安市××区××城××路×

×小区××号(产权证号110×××××××-11-0-14021601-0)房产一套。本院对案涉房屋进行了网络司法拍卖,竞买人已于2018年12月15日在网络上成交成功,成交价格为183.69万元。

异议人付某A、张某提出书面异议,评估报告已过有效期限,请求撤销(2018)陕0802执恢645号执行裁定书的本次网络司法拍卖程序。

裁判结果

法院认为,在本次网络司法拍卖时法院确定的保留价(起拍价)均为〔2017〕第S108号房地产评估意见书确定的价格183.69万元,故该次网络司法拍卖依据了超过时效的评估意见书,侵害了当事人的合法权益,依法应当予以撤销该执行行为。裁定撤销法院对被执行人张某购买的位于西安市××区××城××路××小区××号(产权证号110×××××××-11-0-14021601-0)房产的本次网络司法拍卖措施。

律师点评

结合最高人民法院的裁定文书,在执行实务中,应重点关注以下内容:

1.判断拍卖是否存在违法情形,法院应从以下方面进行论证,以判断拍卖程序是否具有法定撤销情形:(1)竞买人之间、竞买人与拍卖机构之间恶意串通,损害当事人或者其他竞买人利益的;(2)买受人不具备法律规定的竞买资格的;(3)违法限制竞买人参加竞买或者对不同的竞买人规定不同竞买条件的;(4)未按照法律、司法解释的规定对拍卖标的物进行公告的;(5)其他严重违反拍卖程序且损害当事人或者竞买人利益的情形。

2.若拍卖公司股东与买受人或买受人的股东之间存在亲属关系或关联关系,买受人无法提供相反证据证明其与拍卖公司之间无恶意串通的,可推定买受人与拍卖公司之间存在恶意串通的情形。此时,当事人或利害关系人可以提出异议要求重新拍卖。

3.拍卖程序中未披露拍卖标的物的权利瑕疵,属于存在违反拍卖程序且可能导致损害竞买人利益的情形,法院可对拍卖结果予以撤销。

4.若出现政策变动等情势变更情形,因法院组织司法强制拍卖的目的,在于公开、公平、公正地维护各方利益，当出现政府政策调整这一情势变更的情形，致使拍卖目的难以实现。为维护当事人的合法权益，执行法院可裁定对拍卖标的进行重新评估、拍卖。

法条链接

《最高人民法院关于人民法院办理执行异议和复议案件若干问题的规定》

第二十一条　当事人、利害关系人提出异议请求撤销拍卖，符合下列情形之一的，人民法院应予支持：

（一）竞买人之间、竞买人与拍卖机构之间恶意串通，损害当事人或者其他竞买人利益的；

（二）买受人不具备法律规定的竞买资格的；

（三）违法限制竞买人参加竞买或者对不同的竞买人规定不同竞买条件的；

（四）未按照法律、司法解释的规定对拍卖标的物进行公告的；

（五）其他严重违反拍卖程序且损害当事人或者竞买人利益的情形。

当事人、利害关系人请求撤销变卖的，参照前款规定处理。

《中华人民共和国拍卖法》

第三十七条　竞买人之间、竞买人与拍卖人之间不得恶意串通，损害他人利益。

第六十五条　违反本法第三十七条的规定，竞买人之间、竞买人与拍卖人之间恶意串通，给他人造成损害的，拍卖无效，应当依法承担赔偿责任。由工商行政管理部门对参与恶意串通的竞买人处最高应价百分之十以上百分之三十以下的罚款；对参与恶意串通的拍卖人处最高应价百分之十以上百分之五十以下的罚款。

12　执行案件当事人对评估结果不满，怎么办？

《人民法院办理执行案件规范》第398条规定：“当事人或者其他利害关系

人对评估报告有异议的,可以在收到评估报告后十日内以书面形式向人民法院提出。当事人或者其他利害关系人有证据证明评估机构、评估人员不具备相应的评估资质或者评估程序严重违法而申请重新评估的,人民法院应当准许。重新评估应当另行确定评估机构。”

但是需要注意的是,对拍卖财产进行评估,只是辅助执行法院确定拍卖保留价的手段,评估后最终成交价格仍需由市场检验,故评估结果出具后,被执行人仅以评估价格严重低于真实价格为由请求重新评估或拍卖的,法院不予支持。

案件介绍

洛阳农村商业银行股份有限公司持生效的(2017)豫0303民初1416号民事判决书向法院申请执行,法院于2019年7月2日作出(2019)豫0303执770号执行裁定书。法院于2017年4月13日查封涉案房产。深圳市国房土地房地产资产评估咨询有限公司对涉案房产评估,评估总价为23,345,043元。

异议人吴某对评估吴某名下位于洛阳市房产向法院提交书面异议,要求依法裁定继续依据深圳市国房土地房地产资产评估咨询有限公司2019年9月27日司法鉴定估价报告执行(2019)豫0303执770号案件或者公开招标评估机构重新评估。

法院认为,吴某向法院提出执行异议,对(2017)豫0303民初1416号民事判决书认定事实和程序的异议,并非执行异议审查程序的审查范围,对此法院不予审查。法院选定鉴定机构已经通知吴某,并依法作出鉴定意见,鉴定价格的偏差,是由鉴定机构根据具体标的物情形、参考周边因素并经市场拍卖程序检验,不属于执行行为的范畴,对于吴某的异议请求,法院不予支持。

裁判结果

驳回吴某的异议请求。

律师点评

关于评估结果严重低于市场真实价格的问题。执行程序中拍卖的目的是尽快实现申请执行人的债权,对拍卖财产进行评估,只是辅助执行法院确定拍卖保留价的手段,评估价格并不是最终的交易价格,最终成交价格仍须由市场检验。被执行人如认为评估价过低,亦可以在拍卖前履行生效法律文书确定的义务或者参与竞买。因此,评估结果出具后,没有法定理由,不应启动重新评估。依据《最高人民法院关于人民法院民事执行中拍卖、变卖财产的规定》第6条第2款的规定,只有当事人或者其他利害关系人有证据证明评估机构、评估人员不具备相应的评估资质或者评估程序严重违法的,才符合申请重新评估的条件。

法条链接

《人民法院办理执行案件规范》

第三百九十八条　当事人或者其他利害关系人对评估报告有异议的,可以在收到评估报告后十日内以书面形式向人民法院提出。

当事人或者其他利害关系人有证据证明评估机构、评估人员不具备相应的评估资质或者评估程序严重违法而申请重新评估的,人民法院应当准许。重新评估应当另行确定评估机构。

13 被执行房屋装修设施可以要求与房屋一并拍卖吗?

如果出租房屋内的装潢及设施设备因与房屋分离会严重损害其价值或者两者在使用上是密不可分的,承租人可向执行法院申请将上述装潢及动产设备与出租房屋整体拍卖。

案件介绍

原告恒丰银行为与被告维科公司、赵某、杨某、赵某强、赵某娟金融借款合同纠纷一案,于2018年6月7日向法院起诉。法院立案受理后,根据原告申请,于2018年6月19日诉讼保全查封了涉案房地产。2018年11月2日,法院作出(2018)浙0602民初5688号民事判决,判令:被告赵某、杨某应于本判决生效之日起30日内归还给原告恒丰银行借款本金1000万元,并支付利息(含罚息、复利)至2018年5月30日止为389,051.97元。

2019年5月22日，诸暨市永利房地产评估有限公司出具了诸永利(2019)估字第0038号房地产司法评估报告，评估结果为000101室地下室评估价值为430.52万元，固定装修评估价值为80.08万元；000101室一层评估价值为1021.14万元，固定装修评估价值为160.9万元；000201室评估价值为536.12万元，固定装修评估价值为118.03万元，合计2346.79万元。

2019年7月8日，法院在淘宝网司法拍卖平台上发布了关于涉案房地产(含地下室及固定装修)的拍卖公告。

案外人袁某炼提出书面异议，请求裁定：(1)涉案房产内部装饰为案外人所有；(2)租赁期间暂缓对涉案房产的拍卖或带租拍卖且案外人享有优先受让权。异议审查中，案外人明确陈述，如果法院裁定其主张的租赁权不能对抗法院执行的话，其要求法院对涉案房产内的固定装饰装修一并拍卖，并将相应的拍卖款折价返还给案外人。

法院认为，对案外人要求对涉案房产带租拍卖且享有优先受让权的异议请求，法院不予支持。结合案外人、申请执行人对涉案房产内固定装饰装修物之处置意见，对于涉案房产内的固定装饰装修物本院可以一并予以拍(变)卖处置。同时，结合本案实际，该部分固定装饰装修所对应的拍(变)卖款可依法支付给案外人。

裁判结果

房产拍(变)卖款中所包含的固定装修部分拍(变)卖款支付给案外人。

律师点评

本案中，涉案房地产属于被执行人所有，涉案装潢、设施设备属于案外人房屋承租人所有。涉案装潢附着于涉案房地产之上，涉案设施设备亦是为满足涉案房地产从事经营目的，由承租人进行购置、安装。故涉案装潢、设施设备如与涉案房地产分离即会严重减损其价值。所以，根据《最高人民法院关于人民法院民事执行中拍卖、变卖财产的规定》第15条的规定，应当合并整体评估拍卖。

法条链接

《最高人民法院关于人民法院民事执行中拍卖、变卖财产的规定》

第十五条　拍卖的多项财产在使用上不可分,或者分别拍卖可能严重减损其价值的,应当合并拍卖。

《中华人民共和国民事诉讼法》

第二百三十二条　当事人、利害关系人认为执行行为违反法律规定的,可以向负责执行的人民法院提出书面异议。当事人、利害关系人提出书面异议的,人民法院应当自收到书面异议之日起十五日内审查,理由成立的,裁定撤销或者改正;理由不成立的,裁定驳回。当事人、利害关系人对裁定不服的,可以自裁定送达之日起十日内向上一级人民法院申请复议。

第十二章

执行当事人及其变更、追加

14 申请执行人死亡、宣告失踪时，继承人能否申请继续执行？

依照现行法律规定，在申请执行人死亡、宣告失踪时，继承人在提出申请并且提供相关证据证明其继承人身份的情况下拥有申请继续执行的权利。

案件介绍

法院于2019年4月3日就潘某与凌某民间借贷纠纷一案作出(2018)川1502民初7635号民事判决，判令凌某于判决生效之日起5日内偿还潘某借款133,600元。

潘某于2019年7月8日向法院申请强制执行，法院立案执行，执行案号为(2019)川1502执2989号。本案在执行过程中，潘某病故。

潘C向法院申请变更其为该案申请执行人。法院查明，潘某与其妻子伍某婚姻关系存续期间共生育三个子女，即潘A(1967年10月20日出生)、潘C(1969年5月26日出生)、潘B(1969年5月26日出生)，潘某与伍某于1995年8月23日离婚。2020年1月8日，潘A、潘B向法院提交书面情况说明，明确表示放弃对本案债权(潘某对凌某享有的债权)的继承。

法院认为，本案中，因申请执行人潘某死亡，申请人潘C作为潘某的继承人，也系依法承受生效法律文书确定权利的主体，故潘C申请变更其为该案的申请执行人符合法律规定，法院予以支持。

裁判结果

变更潘C为(2019)川1502执2989号案件的申请执行人。

律师点评

本案中，执行过程中，申请执行人死亡，其继承人可以申请变更申请执行人，成为申请执行主体，这就是变更申请执行主体，在权利的继受人提出申请并提供相关的证据证明其应当享有该权利的情况下，法院应当依法确认其权利继受人的地位。

没有继承人或者继承人放弃权利的，执行程序便无须继续。依照我国《民事诉讼法》的规定，对于在执行案件过程中，权利人死亡的情况，法院应当作出中止执行的裁定，直到权利人的继承人出现并且提出申请，法院才恢复执行程序。公民死亡时遗留的个人合法财产，都要由继承人依法继承。这些合法财产，不仅包括既得财产，还包括期待利益。本案中尚未执行的财物便是执行申请人的期待利益，应该适用继承制度。

法条链接

《中华人民共和国民事诉讼法》

第二百六十三条　有下列情形之一的，人民法院应当裁定中止执行：

(一)申请人表示可以延期执行的；

(二)案外人对执行标的提出确有理由的异议的；

(三)作为一方当事人的公民死亡，需要等待继承人继承权利或者承担义务的；

(四)作为一方当事人的法人或者其他组织终止，尚未确定权利义务承受人的；

(五)人民法院认为应当中止执行的其他情形。

中止的情形消失后,恢复执行。

《最高人民法院关于民事执行中变更、追加当事人若干问题的规定》

第一条　执行过程中,申请执行人或其继承人、权利承受人可以向人民法院申请变更、追加当事人。申请符合法定条件的,人民法院应予支持。

第二条　作为申请执行人的自然人死亡或被宣告死亡,该自然人的遗产管理人、继承人、受遗赠人或其他因该自然人死亡或被宣告死亡依法承受生效法律文书确定权利的主体,申请变更、追加其为申请执行人的,人民法院应予支持。

作为申请执行人的自然人被宣告失踪,该自然人的财产代管人申请变更、追加其为申请执行人的,人民法院应予支持。

15 执行过程中,债权可以转让吗?

执行过程中,如果债权转让自身不存在违法事由,应当承认债权转让的效力。

案件介绍

申请执行人招行济南分行与被执行人中远公司、鑫浩公司、钟某、孟某金融借款合同纠纷一案,法院依据(2014)济铁中商初字第23号民事判决,于2015年9月14日立案执行,案号为(2015)济铁中执字第15号。

申请人中国东方资产管理股份有限公司山东省分公司(以下简称东方山东分公司)向法院提交了书面申请,申请变更为本案的申请执行人。

2017年12月25日,申请执行人招行济南分行与申请人东方山东分公司签订了《债权转让协议》,将其对上述被执行人的债权转让给申请人东方山东分公司,上述协议签订后申请人支付了相应价款。2018年2月6日,申请执行人招行济南分行与申请人东方山东分公司在《大众日报》刊登了《债权转让通知暨债务催收联合公告》,向上述被执行人履行了债权转让通知义务。对此,申请执行人招行济南分行予以书面确认。

法院认为，本案中，申请执行人招行济南分行书面认可申请人东方山东分公司取得济南铁路运输中级法院(2014)济铁中商初字第23号民事判决确定的债权，双方已于2017年12月25日就上述生效法律文书确定的债权签订《债权转让协议》，该协议的约定是申请执行人招行济南分行与申请人东方山东分公司的真实意思表示，且并不违反法律的强制性规定，申请人东方山东分公司依照协议约定向申请执行人招行济南分行支付了相应价款，双方也履行了通知本案各被执行人的法律义务。裁定，变更东方山东分公司为本案申请执行人。

律师点评

执行过程中，申请执行人如果将债权转让给第三人。第三人可以向法院申请变更为申请执行人。实践中，须注意以下几个方面：

1. 根据《最高人民法院关于人民法院执行工若干问题的规定(试行)》相关规定的程序与条件，权利承受人应向法院提交权利承受证明文件。

2. 作为债权受让人的权利承受人，其向法院提交与生效判决确认的权利人签订的《债权转让协议书》并申请替代权利人变更其为申请执行人的，需要权利人与债权受让人就债权转让达成一致。否则，执行法院不得直接变更债权受让人为申请执行人。但在只有被执行人对该债权转让提出异议的情形下，则该债权受让人可作为申请执行人直接向执行法院申请强制执行。

3. 因债权转让的效力涉及生效判决确定的权利人与债权受让人之间的实体权利义务争议，且未经生效法律文书确定，法院在执行程序中不宜审查认定，不得在执行程序中直接变更申请执行人。债权受让人主张已受让债权的，可以通过诉讼等途径另行救济。

法条链接

《最高人民法院关于民事执行中变更、追加当事人若干问题的规定》

第九条　申请执行人将生效法律文书确定的债权依法转让给第三人，且书面认可第三人取得该债权，该第三人申请变更、追加其为申请执行人的，人民法院应予支持。

《最高人民法院关于人民法院执行工作若干问题的规定(试行)》

18. 申请执行,应向人民法院提交下列文件和证件:……(4)继承人或权利承受人申请执行的,应当提交继承或承受权利的证明文件。

16 在公司财产不足以清偿债务时,债权人可否申请执行股东个人财产?

执行法院以执行依据中所确定的权利义务主体和给付内容为执行范围,但当公司财产不足以清偿生效法律文书确定的债务,申请执行人申请追加未缴纳或未足额缴纳出资的股东,在尚未缴纳出资的范围内依法承担责任的,人民法院应予支持。

案件介绍

浙江省嵊州市人民法院(2008)嵊执字第1841-1号执行裁定书主文:追加股东葛某、沈某为本案被执行人。葛某在240万元范围内、沈某在160万元范围内于本裁定生效之日起5日内向申请人钱某清偿债务170,450元及相应利息。

复议申请人不服浙江省嵊州市人民法院(2019)浙0683执异11号执行裁定,向法院申请复议,称:浙江省嵊州市人民法院(2008)嵊执字第1841-1号执行裁定书认定事实不清,仅以上海市工商行政机关工商登记资料显示复议申请人为该公司股东即追加复议申请人为被执行人没有法律依据。

法院认为,被执行人上海无天化工科技有限公司由余某、葛某、沈某作为股东共同出资10万元于2010年3月17日登记成立,于同年4月8日增资至2000万元,随即于次日分别以货款和归还借款名义将该2000万元注册资金分六笔全部转出,至2011年年底前公司处于筹建未开业状态之基本事实清楚,由执行法院收集在卷的工商登记资料、银行交易凭证等证据予以证实。上述相关书面材料具有对外公示效力,环环相扣形成证据锁链,且注册资金2000万元系被全额转账,已无须区分对应的人员及金额而认定该公司股东存在抽逃公司相应注册资金之事实。《最高人民法院关于人民法院执行工作若干问题的规定(试行)》(2008年调整)第80条规定,被执行人无财产清偿债务,如果其开办单位对其开办时投入的注册资金不实或抽逃注册资金，可以裁定变更或追加其开办单位为被执行人，在注册资金不实或抽逃注册资金的范围内，对申请执行人承担责任。

裁判结果

驳回沈某的复议申请。

律师点评

2014年版《公司法》将公司注册从实缴制改为认缴制，公司注册资本实缴不足情况逐渐成为常态。所以，在公司财产不足以清偿生效法律文书确定的债务时，债权人可以在执行过程中直接申请追加未如实出资的股东为被执行人，以最大限度地保证债权人债权实现清偿。

同时，《最高人民法院关于民事执行中变更、追加当事人若干问题的规定》中有关执行中揭开公司面纱的规定，减少了申请执行人另诉的负担，使申请执行人的债权可以在同一个案件的执行程序中得到清偿，提高了商事诉讼中债权人债权得到清偿的效率。

这也提醒股东，不要因公司具有独立的法人人格，能够对外独立享有权利承担义务，就认为公司可以作为一道防火墙帮助其逃避债务。现如今的相关法律法规已在慢慢戳破这层保护面纱。当公司出现资不抵债时，债权人可以把注意力放在未如实出资的股东身上，而作为被执行法人的股东也要注意相关风险的防控。

法条链接

《最高人民法院关于民事执行中变更、追加当事人若干问题的规定》

第十九条　作为被执行人的公司，财产不足以清偿生效法律文书确定的债务，其股东未依法履行出资义务即转让股权，申请执行人申请变更、追加该原股东或依公司法规定对该出资承担连带责任的发起人为被执行人，在未依法出资的范围内承担责任的，人民法院应予支持。

17 公司财产与个人财产混同时，如何追加股东为被执行人？

追加案外人（公司股东）为被执行人应严格依照法律、司法解释的规定进行。除根据《最高人民法院关于民事执行中变更、追加当事人若干问题的规定》第20条的规定，可以申请追加符合条件的一人有限责任公司股东为被执行人外，执行程序中原则上不能以公司和其股东之间出现财产混同或人格混同为由追加其股东为被执行人。

案件介绍

某某与旭能煤炭公司民间借贷纠纷一案，四川省宜宾市中级人民法院于2017年11月20日作出(2017)川15民终1616号民事判决，判决旭能煤炭公司偿还某某借款本金700,000元。2018年9月4日立案受理为(2018)川1521执1266号案件。执行中，经查控，未发现旭能煤炭公司目前有财产可供执行。

2018年12月，某某向一审法院申请追加旭能集团公司为被执行人，一审法院立案受理后，于2018年12月19日作出(2018)川1521执异76号执行裁定。旭能集团公司不服，向四川省宜宾市中级人民法院申请复议，四川省宜宾市中级人民法院于2019年4月2日作出(2018)川15执复16号执行裁定：(1)撤销四川省宜宾市叙州区人民法院(2018)川1521执异76号执行裁定；(2)发回四川省宜宾市叙州区人民法院重新作出裁定。一审法院于2019年4月22日重新立案，另行组成合议庭审理，并于2019年4月30日作出川(2019)川1521执异20号执行裁定：(1)追加宜宾旭能实业集团有限公司为本案被执行人；(2)宜宾旭能实业集团有限公司应在本裁定生效之日起10日内向某某清偿债务700,000元及利息。旭能集团公司对该裁定不服，在法定期限内向一审法院提起本案之诉。

二审法院认为，依照《最高人民法院关于民事执行中变更、追加当事人若干问题的规定》第20条规定："作为被执行人的一人有限责任公司，财产不足以清偿生效法律文书确定的债务，股东不能证明公司财产独立于自己的财产，申请执行人申请变更、追加该股东为被执行人，对公司债务承担连带责任的，人民法院应予支持。”执行一人有限责任公司时追加其股东为被执行人应符合以下构成要件：一是公司财产不足以清偿生效法律文书确定的债务；二是股东不能证明公司财产独立于自己的财产。此两个构成要件，均是本案执行异议之诉的争议焦点。下文将对该两个争议焦点逐一阐述。

针对争议焦点一即旭能煤炭公司的财产能否足以清偿生效法律文书确定的包括某某在内所有债权人的债务的问题。法院认为旭能煤炭公司的财产不足以清偿生效法律文书确定的债务。

针对争议焦点二即旭能集团公司财产是否与旭能煤炭公司的财产独立的问题。法院认为旭能集团公司不当操纵旭能煤炭公司的财产，应认定为旭能煤炭公司的财产未独立于旭能集团公司的财产。公司和股东彻底分离是公司取得法人独立资格的前提，也是股东有限责任的基础，而财产独立又是法人人格独立的重要内容。旭能集团公司的行为是在混同股东财产与公司财产。故旭能集团公司称其的财产与旭能煤炭公司的财产独立的上诉理由不能成立，法院不予支持。

裁判结果

驳回上诉，维持原判。

律师点评

《最高人民法院关于民事执行中变更、追加当事人若干问题的规定》第20条的适用条件应满足三点：第一，被执行企业为一人有限责任公司；第二，财产不足以清偿生效法律文书确定的债务；第三，股东不能证明公司财产独立于自己的财产。

本案中，作为被执行人的一人有限责任公司，财产不足以清偿生效法律文书确定的债务。股东旭能集团公司利用实际控制权不当操纵旭能煤炭公司的财产，构成了人格混同，应认定为旭能煤炭公司的财产未独立于旭能集团公司的财产，故可以追加旭能集团公司为被执行人。

我国《公司法》于1993年颁布，在2006年实施的《公司法》中首次引入“公司法人否认制度”及一人有限公司制度，现行公司法亦沿用。现行《公司法》第

20条第1款规定,公司股东应当遵守法律、行政法规和公司章程,依法行使股东权利,不得滥用股东权利损害公司及其他股东权益;不得滥用公司法人独立地位和股东优先责任损害债权人利益。现行《公司法》第63条规定,一人有限责任公司的股东不能证明公司财产独立于股东自己的财产的,应当对公司债务承担连带责任。作为债务人或被执行人公司的股东,日常企业经营中需要注意区分自身财产和企业财产。如果公司债权人主张一人有限公司与股东之间出现人格、财产混同时,由股东承担证明公司财产独立的举证责任。

法条链接

《最高人民法院关于民事执行中变更、追加当事人若干问题的规定》

第二十条　作为被执行人的一人有限责任公司,财产不足以清偿生效法律文书确定的债务,股东不能证明公司财产独立于自己的财产,申请执行人申请变更、追加该股东为被执行人,对公司债务承担连带责任的,人民法院应予支持。

《中华人民共和国公司法》

第六十三条　一人有限责任公司的股东不能证明公司财产独立于股东自己的财产的,应当对公司债务承担连带责任。

18 申请执行人是否可以变更、追加财产受让人为被执行人?

财产转让行为与判决已经确定的法律关系属于两种法律关系。且财产转让行为事实未经过审判仍存在争议,需要通过审判进一步认定。因此在执行过程中直接以财产转让行为损害申请人权益而追加受让人为被执行人的,法院一般不予认可。

案件介绍

原淮安市清江浦区人民法院于2016年9月20日作出(2016)苏0811民初2247号民事判决,判决被告肖某、李某、华中公司向原告齐某支付借款本金及利息130.3万元。

执行过程中,齐某申请追加李某的女儿李某A为被执行人。淮安市清江浦区人民法院裁定驳回异议人齐某的异议申请。

复议申请人齐某不服淮安市清江浦区人民法院(2016)苏0811执异62号执行裁定,向法院申请复议。理由为2015年12月16日,李某为了规避执行,将其出资600万元的江苏嘉明健康投资有限公司的股权无偿转移给其女儿李某A的行为属于规避执行行为,李某A应就该部分财产对申请执行人承担连带赔偿责任,要求追加李某A为该案被执行人。

法院认为,能否追加李某A为本案被执行人。根据《最高人民法院关于依法制裁规避执行行为的若干意见》第14条的规定,被执行人放弃债权、无偿转让财产或者以不合理的低价转让财产,对申请执行人造成损害的,执行法院可以告知申请执行人依照《合同法》第74条规定向有管辖权的人民法院提起撤销权诉讼。故齐某认为被执行人李某无偿转让其持有的他公司的股权,对其造成损害的,可依据《合同法》第74条规定向有管辖权的人民法院提起撤销权诉讼,行使撤销权。齐某要求追加李某A为被执行人没有法律依据,所以,齐某的复议理由不能成立,法院不予支持。

裁判结果

驳回齐某的复议申请,维持淮安市清江浦区人民法院(2016)苏0811执异62号异议裁定。

律师点评

被执行人转让财产,申请执行人如果认为该转让行为对其债权造成损害,申请执行人可以依照《民法典》合同编相关规定向有管辖权的人民法院提起撤销权诉讼,通过诉讼明确被执行人转移财产的协议以及占有案涉财产的行为是否合法有效,进而明确能否继续执行案涉财产。执行程序上,因为执行程序并不解决纠纷,故对上述财产转让协议及占有行为无权作出裁定,依法应当通过诉讼解决。

法条链接

《最高人民法院关于依法制裁规避执行行为的若干意见》

第二十条　依法变更追加被执行主体或者告知申请执行人另行起诉。有充分证据证明被执行人通过离婚析产、不依法清算、改制重组、关联交易、财产混同等方式恶意转移财产规避执行的，执行法院可以通过依法变更追加被执行人或者告知申请执行人通过诉讼程序追回被转移的财产。

19　被执行人是法人分支机构的，可否追加执行该法人财产？

法人分支机构与法人主体有特殊的关系，根据《民法典》第 74 条对法人及其分支机构责任承担关系规定，分支机构可以自己的名义从事民事活动，产生的民事责任由法人承担；也可先以该分支机构管理的财产承担，不足以承担的，由法人承担。因此，若作为被执行人的分支机构无法履行判决规定的义务，法人应以其财产承担相应的民事责任。

案件介绍

2018 年 11 月 29 日，信阳市中级人民法院作出（2018）豫 15 民终 3988 号民事判决书，判决被告丰某、河南罗山农村商业银行股份有限公司子路支行向原告李某偿还借款本金及利息。

李某申请执行，案件进入执行程序后，被执行人河南罗山农村商业银行股份有限公司子路支行至今尚未全部履行。申请执行人李某申请变更、追加河南罗山农村商业银行股份有限公司为被执行人。罗山县人民法院裁定追加河南罗山农村商业银行股份有限公司为本案被执行人。

复议申请人河南罗山农村商业银行股份有限公司向本院申请复议，请求撤销罗山县人民法院（2019）豫 1521 执 74 号之三执行裁定。理由：罗山农村商业银行股份有限公司子路支行有巨额贷款未收回，应视为有可供执行财产，在未穷尽对三被执行人尤其是丰某、涂某的财产执行完毕之前，追加复议申请人为被执行人明显不当；应当听证而没有听证，程序违法。

法院认为，作为被执行人的法人分支机构，不能清偿生效法律文书确定的债务，申请执行人申请变更、追加该法人为被执行人，人民法院应予支持。金融机构的分支机构作为被执行人的，对被执行人未能提供可供执行财产的，应当依法裁定逐级变更其上级机构为被执行人，直至其总行、总公司。每次变更前，均应当给予被变更主体15日的自动履行期限；逾期为自动履行的，依法予以强制执行。本案被执行人罗山农村商业银行股份有限公司子路支行未能提供可供执行的财产，罗山县人民法院依法追加被执行人并无不当。

裁判结果

驳回复议申请人河南罗山农村商业银行股份有限公司复议申请，维持罗山县人民法院（2019）豫1521执74号之三执行裁定。

律师点评

根据《最高人民法院关于民事执行中变更、追加当事人若干问题的规定》第15条的规定，被执行人的法人分支机构，不能清偿生效法律文书确定的债务，申请执行人可以申请变更、追加该法人为被执行人。或法人直接管理的责任财产仍不能清偿债务的，人民法院可以直接执行该法人其他分支机构的财产。但法律、司法解释并无可将被执行人子公司追加为被执行人的规定。因为子公司和母公司在民法上是两个独立的法人，其财产和权利相互独立，除非出现了《公司法》上规定的人格混同之情形，否则不可被追加执行；而法人的分支机构并非具有民法上独立的法人人格，只是在民事诉讼法领域赋予其一定条件下的诉权，其财产和权利不能与法人相割裂，因此可以被追加执行。

法条链接

《最高人民法院关于民事执行中变更、追加当事人若干问题的规定》

第十五条　作为被执行人的法人分支机构，不能清偿生效法律文书确定的债务，申请执行人申请变更、追加该法人为被执行人的，人民法院应予支持。法人直接管理的责任财产仍不能清偿债务的，人民法院可以直接执行该法人其他分支机构的财产。

作为被执行人的法人,直接管理的责任财产不能清偿生效法律文书确定债务的,人民法院可以直接执行该法人分支机构的财产。

第十三章

执行担保

20 法院查封资产超过被执行款项，怎么办？

法院在办理执行案件中，往往会考虑申请执行标的与查封财产价值的等值性，根据《最高人民法院关于在执行工作中规范执行行为切实保护各方当事人财产权益的通知》精神，查封、冻结、扣押的范围应与申请执行财产价值基本相符。因此若被超额查扣财产，可向法院提出异议申请。

案件介绍

鄂州市中级人民法院于2018年12月3日作出(2018)鄂07民终635号民事判决，判决湖北润瑞置业有限公司返还舒某262万元。诉前查封了湖北润瑞置业有限公司36套房产。

2019年7月4日，舒某向法院申请强制执行。2019年10月，湖北润瑞置业有限公司向法院提出查封异议申请，认为法院查封的财产，经评估总价值为1766.43万元，已超出湖北润瑞置业有限公司应支付给申请人舒某的执行款项2,620,829.86元及迟延履行金，属于超标的额查封，故向法院提出异议，要求解除超标的额查封部分土地使用权及26套房屋的查封。

裁判结果

法院认为,本案中,湖北润瑞置业有限公司经法院判决确认,应返还申请人舒某262万元,本院查封异议人湖北润瑞置业有限公司价值1766万元的财产,明显超标的额查封。故异议人湖北润瑞置业有限公司提出解除超标的额查封部分财产的异议,理由充分,裁定解封26套房产。

律师点评

根据《民事诉讼法》第232条的规定,被执行人可以针对执行过程中的程序性问题提出异议,异议被驳回后,可以通过向上一级法院申请复议进行救济。如本案中针对超标的查封问题,被执行人可以提出执行异议、要求解封超额部分财产,虽然最终是否构成超标的查封尚需依据重审法院委托评估机构对资产价值进行评估后认定,但一定程度上仍能帮助被执行人寻求资产解封的可能。

法条链接

《最高人民法院关于人民法院民事执行中查封、扣押、冻结财产的规定》

第十九条　查封、扣押、冻结被执行人的财产,以其价额足以清偿法律文书确定的债权额及执行费用为限,不得明显超标的额查封、扣押、冻结。

发现超标的额查封、扣押、冻结的,人民法院应当根据被执行人的申请或者依职权,及时解除对超标的额部分财产的查封、扣押、冻结,但该财产为不可分物且被执行人无其他可供执行的财产或者其他财产不足以清偿债务的除外。

第十四章

执行和解

21 执行和解后，还有债务未清，怎么办？

案件介绍

原告潘某与被告梁某、王某民间借贷纠纷一案，广东省佛山市南海区人民法院作出(2015)佛南法桂民一初字第1093号民事判决、(2016)粤06民终3760号民事判决，判决：被告梁某和王某应于本判决发生法律效力之日起10日内归还原告潘某借款本金682,000元，并应当从2015年12月9日起至实际清偿日止以682,000元为本金按月利率1.8%计付利息给原告。

因被执行人梁某、王某未按期履行义务，申请执行人潘某申请执行(2016)粤06民终3760号民事判决书。在执行过程中，双方达成执行和解协议，且执行人梁某、王某依约履行完毕，但每次还款均拖延了一两日。后申请执行人潘某以被执行人梁某、王某在履行和解协议的过程中，违反了双方达成的约定，迟延向申请执行人潘某履行付款义务为由向广东省佛山市南海区人民法院申请恢复原判决的执行。但广东省佛山市南海区人民法院认为付款时间与协议约定时间分别迟延了1~2天。认为被执行人没完全履行协议，申请恢复执行本案，请求依照原生效判决确认的款项数额及利息全额执行，理据不足。且被执行人已全部按和解协议履行还款义务，在履行过程中，与原履行期限只迟延1～2天，对申请执行人没有造成重大损失，也没有证据证明是被执行人故意所为，故不应视为违反和解协议。因此，作出(2017)粤0605执恢243号案裁定终结执行。

申请执行人不服，对裁判结果提出异议。但法院仍然以上述理由作出(2017)粤0605执异255号裁定驳回。

申请执行人潘某仍不服，再次就上述裁定提出复议。其复议理由主要围绕法律适用、迟延履行的损失以及迟延履行的事实进行全面论述。最终，法院根据《民诉法解释》第467条"一方当事人不履行或者不完全履行在执行中双方自愿达成的和解协议，对方当事人申请执行原生效法律文书的，人民法院应当恢复执行，但和解协议已履行的部分应当扣除。和解协议已经履行完毕的，人民法院不予恢复执行"的规定，认为一方当事人不完全履行执行和解协议，包括不按照和解协议约定的金额、期限、方式等履行，被执行人应当知晓迟延履行的法律后果，据此作出裁定撤销原裁定。

裁判结果

经佛山市中级人民法院审查，作出裁定书，撤销广东省佛山市南海区人民法院(2017)粤0605执异255号执行裁定和(2017)粤0605执恢243号执行裁定。

律师点评

本案的争议焦点为南海区人民法院裁定终结执行是否合法及是否应当恢复执行原生效判决。根据《民诉法解释》第467条"一方当事人不履行或者不完全履行在执行中双方自愿达成的和解协议，对方当事人申请执行原生效法律文书的，人民法院应当恢复执行，但和解协议已履行的部分应当扣除。和解协议已经履行完毕的，人民法院不予恢复执行"的规定，一方当事人不完全履行执行和解协议，包括不按照和解协议约定的金额、期限、方式等履行，对方当事人可向人民法院申请恢复执行原生效法律文书。

本案中，复议申请人与被执行人在执行过程中自愿达成执行和解协议，约定被执行人分期履行还款义务及不按期履行时复议申请人可向法院申请恢复执行等内容，但被执行人在明知其不完全履行该和解协议会产生复议申请人申请恢复执行的法律后果的情况下,仍不按照和解协议约定的期限履行还款义务,其应承担相应的法律后果。因此,在被执行人不按照和解协议约定的期限履行还款义务时,复议申请人申请恢复执行原生效判决,符合上述法律规定,广东省佛山市南海区人民法院应依法恢复执行(2015)佛南法桂民一初字第1093号民事判决及(2016)粤06民终3760号民事判决,但被执行人已履行的部分应当扣除。

广东省佛山市南海区人民法院以被执行人的迟延履行未对复议申请人的利益和社会利益造成损害为由,裁定对(2017)粤0605执恢243号案终结执行及驳回复议申请人的异议请求,无法律依据,应予纠正。

本案虽发生在2016年,但判决精神与最高人民法院一致,2018年最高人民法院就执行和解相关事宜出台《关于执行和解若干问题的规定》第15条规定,执行和解协议履行完毕,申请执行人因被执行人迟延履行、瑕疵履行遭受损害的,可以向执行法院另行提起诉讼。解读本条,法院支持申请执行人通过另案诉讼的方式维护因被执行人迟延或瑕疵履行所造成的损失,进一步强调了严格履行的重要性。

其实,本案中,法院最终作出撤销原裁定的结果,一方面是引导当事人全面履行和解协议,另一方面也明确了未给申请执行人造成实质性损失不是减免被申请执行人不全面履行和解协议责任的理由。

法条链接

《中华人民共和国民事诉讼法》

第六十七条　当事人对自己提出的主张,有责任提供证据。

当事人及其诉讼代理人因客观原因不能自行收集的证据,或者人民法院认为审理案件需要的证据,人民法院应当调查收集。

人民法院应当按照法定程序,全面地、客观地审查核实证据。

第一百五十七条第一款第十一项　裁定适用于下列范围:其他需要裁定解决的事项。

第一百七十七条第一款第一项　第二审人民法院对上诉案件,经过审理,按照下列情形,分别处理:

(一)原判决、裁定认定事实清楚,适用法律正确的,以判决、裁定方式驳回上诉,维持原判决、裁定……

第二百六十三条　有下列情形之一的，人民法院应当裁定中止执行：

（一）申请人表示可以延期执行的；

（二）案外人对执行标的提出确有理由的异议的；

（三）作为一方当事人的公民死亡，需要等待继承人继承权利或者承担义务的；

（四）作为一方当事人的法人或者其他组织终止，尚未确定权利义务承受人的；

（五）人民法院认为应当中止执行的其他情形。

中止的情形消失后，恢复执行。

《最高人民法院关于适用〈中华人民共和国民事诉讼法〉的解释》

第九十条　当事人对自己提出的诉讼请求所依据的事实或者反驳对方诉讼请求所依据的事实，应当提供证据加以证明，但法律另有规定的除外。

在作出判决前，当事人未能提供证据或者证据不足以证明其事实主张的，由负有举证证明责任的当事人承担不利的后果。

第四百六十七条　一方当事人不履行或者不完全履行在执行中双方自愿达成的和解协议，对方当事人申请执行原生效法律文书的，人民法院应当恢复执行，但和解协议已履行的部分应当扣除。和解协议已经履行完毕的，人民法院不予恢复执行。

《最高人民法院关于人民法院办理执行异议和复议案件若干问题的规定》

第二十三条　上一级人民法院对不服异议裁定的复议申请审查后，应当按照下列情形，分别处理：

（一）异议裁定认定事实清楚，适用法律正确，结果应予维持的，裁定驳回复议申请，维持异议裁定；

（二）异议裁定认定事实错误，或者适用法律错误，结果应予纠正的，裁定撤销或者变更异议裁定；

（三）异议裁定认定基本事实不清、证据不足的，裁定撤销异议裁定，发回作出裁定的人民法院重新审查，或者查清事实后作出相应裁定；

（四）异议裁定遗漏异议请求或者存在其他严重违反法定程序的情形，裁定

撤销异议裁定,发回作出裁定的人民法院重新审查;

(五)异议裁定对应当适用民事诉讼法第二百二十七条规定审查处理的异议,错误适用民事诉讼法第二百二十五条规定审查处理的,裁定撤销异议裁定,发回作出裁定的人民法院重新作出裁定。

除依照本条第一款第三、四、五项发回重新审查或者重新作出裁定的情形外,裁定撤销或者变更异议裁定且执行行为可撤销、变更的,应当同时撤销或者变更该裁定维持的执行行为。

人民法院对发回重新审查的案件作出裁定后,当事人、利害关系人申请复议的,上一级人民法院复议后不得再次发回重新审查。

第十五章

暂缓执行、中止执行、终结本次执行程序

22 面对法院暂缓执行，申请执行人应如何继续推动执行？

案件介绍

在陆某与河北宝信钢铁集团有限公司(以下简称宝信钢铁公司)借款合同纠纷一案中，陆某要求按照邯郸仲裁委员会于2017年9月22日作出的(2017)邯仲裁字第0145号裁决书拍卖宝信钢铁公司的财产，案外人冀中能源国际物流集团有限公司(以下简称冀中物流公司)以财产归其所有提出执行异议，要求中止执行并解除对上述财产的查封措施。邯郸市中级人民法院以案外人异议案件正在审理中为由作出暂缓执行的裁定。至此，陆某为推动案件的执行，提供担保，要求继续拍卖财产。随后，邯郸市中级人民法院作出(2019)冀04执异105号执行裁定，驳回冀中物流公司的异议请求，并作出《恢复拍卖通知》。案外人冀中物流公司不服裁定向河北省高级人民法院提出复议。

裁判结果

河北省高级人民法院经审查，作出(2019)冀执复594号裁定书，驳回冀中物流

公司的复议申请,维持邯郸市中级人民法院(2019)冀04执异105号执行裁定。

本裁定为终审裁定。

律师点评

首先,案外人执行异议之诉审理期间,人民法院不得对执行标的进行处分。本案中冀中物流公司申请执行异议后,邯郸市中级人民法院裁定暂缓执行。但被执行人或者其他利害关系人提供担保申请暂缓执行,申请执行人提供担保要求继续执行的,执行法院可以继续执行。本案中申请执行人陆某提供反担保请求继续拍卖涉案标的,邯郸市中级人民法院可以作出《恢复拍卖通知》,推动执行。

本案给予大家的提示是在执行过程中,被执行人为了保护特定资产,可通过提供担保的方式实现暂缓执行,当然,申请执行人也可以依法提供反担保,以此推动执行。灵活应用执行程序,是推动执行或保护资产的重要措施。

法条链接

《最高人民法院关于正确适用暂缓执行措施若干问题的规定》

第四条第二款　被执行人或者其他利害关系人提供担保申请暂缓执行,申请执行人提供担保要求继续执行的,执行法院可以继续执行。

第十三条第二款　暂缓执行期限届满前,据以决定暂缓执行的事由消灭的,如果该暂缓执行的决定是由执行法院作出的,执行法院应当立即作出恢复执行的决定;如果该暂缓执行的决定是由执行法院的上级人民法院作出的,执行法院应当将该暂缓执行事由消灭的情况及时报告上级人民法院,该上级人民法院应当在收到报告后十日内审查核实并作出恢复执行的决定。

《最高人民法院关于适用〈中华人民共和国民事诉讼法〉的解释》

第三百一十五条第一款　案外人执行异议之诉审理期间,人民法院不得对执行标的进行处分。申请执行人请求人民法院继续执行并提供相应担保的,人民法院可以准许。

《最高人民法院关于人民法院办理执行异议和复议案件若干问题的规定》

第十七条　人民法院对执行行为异议,应当按照下列情形,分别处理:

(一)异议不成立的,裁定驳回异议;

(二)异议成立的,裁定撤销相关执行行为;

(三)异议部分成立的,裁定变更相关执行行为;

(四)异议成立或者部分成立,但执行行为无撤销、变更内容的,裁定异议成立或者相应部分异议成立。

第二十三条　上一级人民法院对不服异议裁定的复议申请审查后,应当按照下列情形,分别处理:

(一)异议裁定认定事实清楚,适用法律正确,结果应予维持的,裁定驳回复议申请,维持异议裁定;

(二)异议裁定认定事实错误,或者适用法律错误,结果应予纠正的,裁定撤销或者变更异议裁定;

(三)异议裁定认定基本事实不清、证据不足的,裁定撤销异议裁定,发回作出裁定的人民法院重新审查,或者查清事实后作出相应裁定;

(四)异议裁定遗漏异议请求或者存在其他严重违反法定程序的情形,裁定撤销异议裁定,发回作出裁定的人民法院重新审查;

(五)异议裁定对应当适用民事诉讼法第二百二十七条规定审查处理的异议,错误适用民事诉讼法第二百二十五条规定审查处理的,裁定撤销异议裁定,发回作出裁定的人民法院重新作出裁定。

除依照本条第一款第三、四、五项发回重新审查或者重新作出裁定的情形外,裁定撤销或者变更异议裁定且执行行为可撤销、变更的,应当同时撤销或者变更该裁定维持的执行行为。

人民法院对发回重新审查的案件作出裁定后,当事人、利害关系人申请复议的,上一级人民法院复议后不得再次发回重新审查。

《最高人民法院关于适用〈中华人民共和国民事诉讼法〉执行程序若干问题的解释》

第十五条　案外人异议审查期间,人民法院不得对执行标的进行处分。

案外人向人民法院提供充分、有效的担保请求解除对异议标的的查封、扣押、冻结的,人民法院可以准许;申请执行人提供充分、有效的担保请求继续执行的,应当继续执行。

因案外人提供担保解除查封、扣押、冻结有错误,致使该标的无法执行的,人民法院可以直接执行担保财产;申请执行人提供担保请求继续执行有错误,给对方造成损失的,应当予以赔偿。

23 债务未结清,已裁定中止执行或终结本次执行 20 余年的案件如何恢复执行?

案件介绍

郑某于 1997 年拖欠叶某钱款,一直未还,后叶某诉至法院并取得了(1997)思民初字第 408 号胜诉判决。自此郑某从未归还过款项。2018 年 12 月,即 21 年后,郑某突然发现账户中款项被扣划,故向法院以执行过时效且法院违反执行程序为由提出执行异议。经法院审理查明,叶某早在 1998 年已申请执行,但同年因郑某无工作,又无财产可供执行,因此法院裁定中止执行。2018 年法院通过恢复对本案的执行,并出据(2018)闽 0203 执恢 481 号执行裁定书,冻结郑某名下财产,并向郑某通过送达程序送达执行通知书、报告财产令。郑某对此执行裁定书提出异议。

裁判结果

经法院审查,驳回异议人郑某的执行异议请求。

当事人、利害关系人对裁定不服的,可以自裁定送达之日起 10 日内向上一级人民法院申请复议。

律师点评

首先,1998 年申请执行人叶某申请执行不能的主要原因在于郑某无财产可供执行,因此法院可以中止执行。其次,2018 年叶某申请执行,法院依据中止情形消失后,可以根据当事人的申请恢复执行。因此法院在综合考虑被执行人叶某的财产状况后，于2018年11月12日向郑某送达了执行通知书、报告财产令，并于次日强制执行郑某的财产。

本案带来的启示主要有：第一，关于借款纠纷中一定要及时申请执行，不能消极对待。第二，在执行过程中，如果被执行人出现履行不能的情况，要在履行不能情况消除后第一时间申请被执行，避免产生不必要的利息损失。

法条链接

《最高人民法院关于人民法院执行工作若干问题的规定（试行）》

60. 中止执行的情形消失后，执行法院可以根据当事人的申请或依职权恢复执行。

恢复执行应当书面通知当事人。

《最高人民法院关于人民法院办理执行异议和复议案件若干问题的规定》

第十七条　人民法院对执行行为异议，应当按照下列情形，分别处理：

（一）异议不成立的，裁定驳回异议；

（二）异议成立的，裁定撤销相关执行行为；

（三）异议部分成立的，裁定变更相关执行行为；

（四）异议成立或者部分成立，但执行行为无撤销、变更内容的，裁定异议成立或者相应部分异议成立。

第十六章

执行程序和破产程序的衔接

24 被执行人未能转入破产程序时,如何确定普通债权的受偿顺序?

案件介绍

被告泰景房地产公司名下房产被佛山市南海区人民法院移交到广州市白云区人民法院执行拍卖[(2015)穗云法执字第8284号],所得价款28,808,100元。拍卖后,白云区人民法院作出了(2015)穗云法民执字第8284号案执行款分配方案(以下简称该分配方案),在扣除执行费用、拍卖等费用后,将其中2800万元作为优先受偿债权分配给上述财产的抵押权人,原告杨某作为普通债权分配其中的222,065.63元。原告杨某不服该分配方案,遂提起诉讼。

裁判结果

经法院审查,被告泰景房地产公司不符合《企业破产法》第2条第1款规定的情形,不适用《民诉法解释》第513条及第516条规定的在普通债权分配时优先受偿。普通债权原则上按照其占全部申请参与分配债权数额的比例受偿。因此驳回杨某的诉讼请求。

律师点评

一般来说,强制执行是个别实现债权的程序,坚持的是先到先得原则;而破产程序是概括实现债权的程序,实行的是平均分配原则。两种制度之间需要衔接,当被执行人的财产不足以清偿所有到期债务时,执行程序可以经当事人的申请进入破产程序。

执行程序中的参与分配制度,主要解决的是普通债权的公平受偿问题。因此在被执行人为不具备破产资格主体的情况下,大家对于此项制度的适用没有争议。但是在被执行人具备破产主体资格的案件中,是否使用此项制度存在不同观点。

在《民诉法解释》制定过程中,参与分配的适用范围问题一直存在广泛的争议。最终的方案是限制具备破产资格的企业法人适用参与分配制度,同时建立了执行转破产制度。

法条链接

《中华人民共和国企业破产法》

第二条第一款　企业法人不能清偿到期债务,并且资产不足以清偿全部债务或者明显缺乏清偿能力的,依照本法规定清理债务。

《中华人民共和国民事诉讼法》

第六十七条　当事人对自己提出的主张,有责任提供证据。

当事人及其诉讼代理人因客观原因不能自行收集的证据,或者人民法院认为审理案件需要的证据,人民法院应当调查收集。

人民法院应当按照法定程序,全面地、客观地审查核实证据。

第九十五条　受送达人下落不明,或者用本节规定的其他方式无法送达的,公告送达。自发出公告之日起,经过六十日,即视为送达。

公告送达,应当在案卷中记明原因和经过。

第一百四十七条　被告经传票传唤,无正当理由拒不到庭的,或者未经法庭许可中途退庭的,可以缺席判决。

第二百四十九条　被执行人未按执行通知履行法律文书确定的义务,人民法院有权向有关单位查询被执行人的存款、债券、股票、基金份额等财产情况。人民法院有权根据不同情形扣押、冻结、划拨、变价被执行人的财产。人民法院查询、扣押、冻结、划拨、变价的财产不得超出被执行人应当履行义务的范围。

人民法院决定扣押、冻结、划拨、变价财产,应当作出裁定,并发出协助执行通知书,有关单位必须办理。

第二百五十九条　对判决、裁定和其他法律文书指定的行为,被执行人未按执行通知履行的,人民法院可以强制执行或者委托有关单位或者其他人完成,费用由被执行人承担。

《最高人民法院关于适用〈中华人民共和国民事诉讼法〉的解释》

第二百九十二条　第三人对已经发生法律效力的判决、裁定、调解书提起撤销之诉的,应当自知道或者应当知道其民事权益受到损害之日起六个月内,向作出生效判决、裁定、调解书的人民法院提出,并应当提供存在下列情形的证据材料:

(一)因不能归责于本人的事由未参加诉讼;

(二)发生法律效力的判决、裁定、调解书的全部或者部分内容错误;

(三)发生法律效力的判决、裁定、调解书内容错误损害其民事权益。

第五百零八条　被执行人为公民或者其他组织,在执行程序开始后,被执行人的其他已经取得执行依据的债权人发现被执行人的财产不能清偿所有债权的,可以向人民法院申请参与分配。

对人民法院查封、扣押、冻结的财产有优先权、担保物权的债权人,可以直接申请参与分配,主张优先受偿权。

第五百一十条　参与分配执行中,执行所得价款扣除执行费用,并清偿应当优先受偿的债权后,对于普通债权,原则上按照其占全部申请参与分配债权数额的比例受偿。清偿后的剩余债务,被执行人应当继续清偿。债权人发现被执行人有其他财产的,可以随时请求人民法院执行。

第五百一十三条　在执行中,作为被执行人的企业法人符合企业破产法第二条第一款规定情形的,执行法院经申请执行人之一或者被执行人同意,应当裁定中止对该被执行人的执行,将执行案件相关材料移送被执行人住所地人民法院。

第五百一十六条　当事人不同意移送破产或者被执行人住所地人民法院不受理破产案件的，执行法院就执行变价所得财产，在扣除执行费用及清偿优先受偿的债权后，对于普通债权，按照财产保全和执行中查封、扣押、冻结财产的先后顺序清偿。

25 被执行人之一进入破产程序，执行法院依法中止执行，其他被执行人是否同时中止执行？

案件介绍

在法院执行王某与河阳石化、郭某等民间借贷纠纷一案中，被执行人郭某于2018年3月19日向法院提出书面异议，请求法院依法停止或中止(2017)豫03执387号案件中对郭某的执行。异议人郭某的理由：一是其有证据证明河阳石化根据洛阳市中级人民法院(2016)豫03民破7号民事裁定书正在进行重整程序，资产尚未分配；二是异议人承担的是补充赔偿责任。

申请执行人王某抗辩称：一是法院在对郭某采取执行措施前，已经查询了河阳石化的资产情况，完全正确。二是不存在超标查封的情况，本案仅查封9套房屋，其余被查封房屋与本案无关。

裁判结果

经法院审查，郭某的异议理由法院予以支持，根据《民事诉讼法》第225条、《最高人民法院关于人民法院办理执行异议和复议案件若干问题的规定》第17条第1款第4项之规定，裁定如下：

中止对郭某的执行。

律师点评

本案中，河阳石化处于破产重整程序中，因其资产情况无法确定，不能确认河阳石化是否能清偿对王某所负的全部债务。同时被执行人郭某根据案件生效判决，承担的是补充责任，只有在河阳石化不能清偿债务的情况下，才能以郭某抽逃的资本范围为限承担责任。此外,正是因为河阳石化资产情况不明,导致针对被执行人郭某的房屋在合理范围内被查封,等到河阳石化资产明确后再处置。

依据异议成立或者部分成立,但执行行为无撤销、变更内容的,裁定异议成立或者相应部分异议成立。法院裁定中止郭某的执行,但房屋的查封维持不变。

法条链接

《中华人民共和国企业破产法》

第十九条　人民法院受理破产申请后,有关债务人财产的保全措施应当解除,执行程序应当中止。

《最高人民法院关于适用〈中华人民共和国企业破产法〉若干问题的规定(二)》

第二十一条　破产申请受理前,债权人就债务人财产提起下列诉讼,破产申请受理时案件尚未审结的,人民法院应当中止审理:

(一)主张次债务人代替债务人直接向其偿还债务的;

(二)主张债务人的出资人、发起人和负有监督股东履行出资义务的董事、高级管理人员,或者协助抽逃出资的其他股东、董事、高级管理人员、实际控制人等直接向其承担出资不实或者抽逃出资责任的;

(三)以债务人的股东与债务人法人人格严重混同为由,主张债务人的股东直接向其偿还债务人对其所负债务的;

(四)其他就债务人财产提起的个别清偿诉讼。

债务人破产宣告后,人民法院应当依照企业破产法第四十四条的规定判决驳回债权人的诉讼请求。但是,债权人一审中变更其诉讼请求为追收的相关财产归入债务人财产的除外。

债务人破产宣告前,人民法院依据企业破产法第十二条或者第一百零八条的规定裁定驳回破产申请或者终结破产程序的,上述中止审理的案件应当依法恢复审理。

第二十二条　破产申请受理前,债权人就债务人财产向人民法院提起本规定第二十一条第一款所列诉讼,人民法院已经作出生效民事判决书或者调解书但尚未执行完毕的,破产申请受理后,相关执行行为应当依据企业破产法第十九条的规定中止，债权人应当依法向管理人申报相关债权。

《最高人民法院关于人民法院办理执行异议和复议案件若干问题的规定》

第十七条第四项　异议成立或者部分成立，但执行行为无撤销、变更内容的，裁定异议成立或者相应部分异议成立。

第十七章

迟延履行期间债务利息和迟延履行金

26 什么是迟延履行金？如何计算？

案件介绍

徐某向陈某借款10,000元，但一直未还，陈某诉讼后获得法院2015年6月30日生效的判决文书，判决书指出徐某应在3日内支付债权人借款本金10,000元；支付自2015年1月1日始至借款付清之日止以日万分之五计算的利息；债务人迟延履行的，应当根据《民事诉讼法》第260条的规定加倍支付迟延履行期间的债务利息。债务人于2015年9月1日清偿所有债务。那么如何计算债务人应支付债权人的款项呢？

根据这个案例中给出的数据，结合《最高人民法院关于执行程序中计算迟延履行期间的债务利息适用法律若干问题的解释》，迟延履行期间的债务利息 = 借款本金 × 生效法律文书确定的一般债务利息率 × 迟延履行期间的实际天数 + 借款本金 × 日万分之一点七五 × 迟延履行期间的实际天数（405元 = 10,000 ×0.05% ×60 +10,000 ×0.0175% ×60）；迟延履行期间开始前的一般债务利息 = 借款本金 × 生效法律文书确定的一般债务利息率 × 迟延履行期间开始前的实际天数（915元 =10,000 ×0.05% ×183）。债务人徐某应当支付的金钱债务为 11,320 元(11,320 元 =10,000 元 +405 元 +915 元)。

律师点评

根据《民事诉讼法》第 260 条规定加倍计算后的“迟延履行期间的债务利息”是一个整体概念,包括迟延履行期间的一般债务利息和加倍部分债务利息两部分。一般债务利息,是指在生效法律文书中,根据实体法规定所确定的利息。例如,一份判决确定,债务人应支付自双方签订合同之日起至款项付清之日止,按双方合同约定的日万分之五的利率计算的利息。那么,在本案中,按照日万分之五计算的利息就是一般债务利息。应当说明的是,并不是所有的金钱给付案件都有一般债务利息,侵权损害赔偿等案件通常就没有支付一般债务利息的内容。加倍部分债务利息,是指在强制执行程序中,被执行人因迟延履行,根据《民事诉讼法》第 260 条的规定而应多支付的利息。加倍部分债务利息采用单独的计算方法,与一般债务利息的计算没有关系。通俗地讲,就是两者“各算各的,互不影响”。具体而言,计算一般债务利息,根据生效法律文书确定的基数、起止时间、利率等计算;计算加倍部分债务利息根据本解释规定的方法计算。

关于迟延履行期间的债务利息及计算,最高人民法院于 2014 年出具了《关于执行程序中计算迟延履行期间的债务利息适用法律若干问题的解释》,该解释的第 1 条已明确,根据《民事诉讼法》第 260 条规定加倍计算之后的迟延履行期间的债务利息,包括迟延履行期间的一般债务利息和加倍部分债务利息。迟延履行期间的一般债务利息,根据生效法律文书确定的方法计算;生效法律文书未确定给付该利息的,不予计算。加倍部分债务利息的计算方法:加倍部分债务利息 = 债务人尚未清偿的生效法律文书确定的除一般债务利息之外的金钱债务 × 日万分之一点七五 × 迟延履行期间。

据此可得出上述计算公式。

法条链接

《中华人民共和国民事诉讼法》

第二百六十条　被执行人未按判决、裁定和其他法律文书指定的期间履行给付金钱义务的,应当加倍支付迟延履行期间的债务利息。被执行人未按判决、裁定和其他法律文书指定的期间履行其他义务的,应当支付迟延履行金。

《最高人民法院关于执行程序中计算迟延履行期间的债务利息适用法律若干问题的解释》

第一条　根据民事诉讼法第二百五十三条规定加倍计算之后的迟延履行期间的债务利息,包括迟延履行期间的一般债务利息和加倍部分债务利息。

迟延履行期间的一般债务利息,根据生效法律文书确定的方法计算;生效法律文书未确定给付该利息的,不予计算。

加倍部分债务利息的计算方法为:加倍部分债务利息 = 债务人尚未清偿的生效法律文书确定的除一般债务利息之外的金钱债务 × 日万分之一点七五 × 迟延履行期间。

27 什么是优先债权?优先债权所产生的利息和违约金能否优先受偿?

案件介绍

上诉人李某因与被上诉人广州农商行花都支行、卢某根、王某明等人执行分配方案异议纠纷一案,不服花都区人民法院(2016)粤 0114 民初 2269 号民事判决,向广州市中级人民法院提起上诉。

上诉人李某理由如下:一是广州农商行花都支行要求实现债权执行的是六处抵押房产而非四处,这在仲裁书中已有详细论述,且其关于优先处理四处房产的请求被明确驳回。二是执行局对应当承担连带责任的被执行人卢某联、卢某章的房产没有一同执行,损害了卢某根、王某明的其他债权人的利益。因此请求撤销一审判决,改判撤销花都区人民法院于 2015 年 11 月 16 日作出的《关于被执行人对卢某根、王某明的财产的拍卖款分配方案》;改判广州农商行花都支行对卢某根、王某明的财产的拍卖款仅享有 60% 份额(暂计)的优先受偿权,其余拍卖款由法院依法分配给李某彪等债权人。

被上诉人广州农商行花都支行、卢某根、王某明等答辩称:同意原审判决,请求维持原审判决。

裁判结果

经广州市中级人民法院审查,在执行卢某根、王某明的财产过程中,李某彪申请执行分配的是没有涉案抵押物担保的一般债权,而广州农商行花都支行申请执行分配的借款及利息是有涉案抵押物担保的债权,且涉案抵押物担保的范围包括借款本金及利息、逾期利息、罚息、复利、违约金、实现抵押权以及实现债权的费用,故上述分配方案确定涉案抵押物拍卖款优先偿还广州农商行花都支行的债权本息、仲裁费以及执行费符合法律规定。上诉人李某彪的上诉缺乏依据,驳回上诉,维持原判。

律师点评

优先债权是劣质债权的对立面,是指可以先于一般债权得到清偿的债权。民法中有财产担保的债权属优先债权。在《企业破产法》中,能先于破产债权得到清偿的债权均属优先债权,如债权人对债务人所享有的有财产担保的债权、受理破产案件的法院所收取的诉讼费用、破产企业支付给清算组织的劳动报酬以及其他破产费用,均属于优先债权。只有优先债权得到清偿后,一般债权才有机会得到清偿。

本案为执行分配方案异议之诉纠纷。广州农商行花都支行作为抵押权人有权对抵押物优先受偿。广州农商行花都支行申请执行分配的借款及利息是有涉案抵押物担保的债权,且涉案抵押物担保的范围包括借款本金及利息、逾期利息、罚息、复利、违约金、实现抵押权以及实现债权的费用,可以实现优先受偿。

法条链接

《中华人民共和国民法典》

第三百八十六条　担保物权人在债务人不履行到期债务或者发生当事人约定的实现担保物权的情形,依法享有就担保财产优先受偿的权利,但法律另有规定的除外。

第三百八十九条　担保物权的担保范围包括主债权及其利息、违约金、损害赔偿金、保管担保财产和实现担保物权的费用。当事人另有约定的,按照约定。

第三百九十二条　被担保的债权既有物的担保又有人的担保的,债务人不履行到期债务或者发生当事人约定的实现担保物权的情形,债权人应当按照约定实现债权;没有约定或者约定不明确,债务人自己提供物的担保的,债权人应当先就该物的担保实现债权;第三人提供物的担保的,债权人可以就物的担保实现债权,也可以要求保证人承担保证责任。提供担保的第三人承担担保责任后,有权向债务人追偿。

第四百二十条 为担保债务的履行,债务人或者第三人对一定期间内将要连续发生的债权提供担保财产的,债务人不履行到期债务或者发生当事人约定的实现抵押权的情形,抵押权人有权在最高债权额限度内就该担保财产优先受偿。

最高额抵押权设立前已经存在的债权,经当事人同意,可以转入最高额抵押担保的债权范围。

《最高人民法院关于适用〈中华人民共和国民事诉讼法〉的解释》

第九十条 当事人对自己提出的诉讼请求所依据的事实或者反驳对方诉讼请求所依据的事实,应当提供证据加以证明,但法律另有规定的除外。

在作出判决前,当事人未能提供证据或者证据不足以证明其事实主张的,由负有举证证明责任的当事人承担不利的后果。

《中华人民共和国民事诉讼法》

第一百七十七条第一款第一项 第二审人民法院对上诉案件,经过审理,按照下列情形,分别处理:

(一)原判决、裁定认定事实清楚,适用法律正确的,以判决、裁定方式驳回上诉,维持原判决、裁定;

第二百三十一条 发生法律效力的民事判决、裁定,以及刑事判决、裁定中的财产部分,由第一审人民法院或者与第一审人民法院同级的被执行的财产所在地人民法院执行。

法律规定由人民法院执行的其他法律文书,由被执行人住所地或者被执行的财产所在地人民法院执行。

第二百四十三条 发生法律效力的民事判决、裁定,当事人必须履行。一方拒绝履行的,对方当事人可以向人民法院申请执行,也可以由审判员移送执行员执行。

调解书和其他应当由人民法院执行的法律文书,当事人必须履行。一方拒绝履行的,对方当事人可以向人民法院申请执行。

第二百四十四条　对依法设立的仲裁机构的裁决,一方当事人不履行的,对方当事人可以向有管辖权的人民法院申请执行。受申请的人民法院应当执行。

被申请人提出证据证明仲裁裁决有下列情形之一的,经人民法院组成合议庭审查核实,裁定不予执行:

(一)当事人在合同中没有订有仲裁条款或者事后没有达成书面仲裁协议的;

(二)裁决的事项不属于仲裁协议的范围或者仲裁机构无权仲裁的;

(三)仲裁庭的组成或者仲裁的程序违反法定程序的;

(四)裁决所根据的证据是伪造的;

(五)对方当事人向仲裁机构隐瞒了足以影响公正裁决的证据的;

(六)仲裁员在仲裁该案时有贪污受贿,徇私舞弊,枉法裁决行为的。

人民法院认定执行该裁决违背社会公共利益的,裁定不予执行。

裁定书应当送达双方当事人和仲裁机构。

仲裁裁决被人民法院裁定不予执行的,当事人可以根据双方达成的书面仲裁协议重新申请仲裁,也可以向人民法院起诉。

《最高人民法院关于适用〈中华人民共和国民事诉讼法〉执行程序若干问题的解释》

第十七条　多个债权人对同一被执行人申请执行或者对执行财产申请参与分配的,执行法院应当制作财产分配方案,并送达各债权人和被执行人。债权人或者被执行人对分配方案有异议的,应当自收到分配方案之日起十五日内向执行法院提出书面异议。

28 迟延履行期间的利息在终结本次执行程序是否可以继续计算?

案件介绍

异议人被执行人曹某、唐某对郴州市北湖区人民法院执行申请执行人周某与被执行人曹某、唐某民间借贷纠纷一案中,提出书面异议。异议人请求:(1)撤销(2018)湘1002执恢147号执行裁定书;(2)撤销2012年12月25日至2016年6月1日的迟延履行期间的债务利息。事实和理由:(1)被执行财产不符合目前房屋市场价格,违反了双方的约定;(2)迟延履行期间的债务利息计算错误,认为在异议人诉申请执行人民间借贷纠纷一案审理终结前,本案应终止执行,终止执行期间不应计算迟延履行期间的债务利息。

裁判结果

经法院审查,依照《民事诉讼法》第225条,《最高人民法院关于人民法院网络司法拍卖若干问题的规定》第10条、第26条,《最高人民法院关于人民法院民事执行中拍卖、变卖财产的规定》第19条第1款、第28条第1款,《最高人民法院关于在执行工作中如何计算迟延履行期间的债务利息等问题的批复》第1条、第2条,《最高人民法院关于执行程序中计算迟延履行期间的债务利息适用法律若干问题的解释》第1条、第2条、第3条,《最高人民法院关于人民法院办理执行异议和复议案件若干问题的规定》第7条第1款、第17条的规定,裁定如下:

驳回异议人曹某清、唐某的异议请求。

律师点评

迟延履行期间的利息计算首先要确定迟延履行期间的一般债务利息的计算方法,如果没有确定应当不予计算一般债务利息,按照只计算迟延履行期间的加倍部分债务利息的方式计算。

根据《最高人民法院关于执行程序中计算迟延履行期间的债务利息适用法律若干问题的解释》第3条第3款"非因被执行人的申请,对生效法律文书审查而中止或者暂缓执行的期间及再审中止执行的期间，不计算加倍部分债务利息”的规定、《最高人民法院关于在执行工作中如何计算迟延履行期间的债务利息等问题的批复》及《最高人民法院关于执行程序中计算迟延履行期间的债务利息适用法律若干问题的解释》的规定，本案中2014年8月1日之前的迟延履行期间的债务利息的计算方式为“清偿的法律文书确定的金钱债务285,000元×0.006×2×迟延履行期间（自2011年12月17日计算至2014年7月31日）”，2014年8月1日之后的迟延履行期间的债务利息的计算方式为“债务人尚未清偿的生效法律文书确定的除一般债务利息之外的金钱债务285,000元×日万分之一点七五×迟延履行期间（自2014年8月1日计算至法院作出该裁定之日即2018年9月13日）”。

综上，迟延履行期间的利息在终结本次执行程序中应当继续计算。

法条链接

《最高人民法院关于人民法院网络司法拍卖若干问题的规定》

第十条　网络司法拍卖应当确定保留价，拍卖保留价即为起拍价。

起拍价由人民法院参照评估价确定；未作评估的，参照市价确定，并征询当事人意见。起拍价不得低于评估价或者市价的百分之七十。

第二十六条　网络司法拍卖竞价期间无人出价的，本次拍卖流拍。流拍后应当在三十日内在同一网络司法拍卖平台再次拍卖，拍卖动产的应当在拍卖七日前公告；拍卖不动产或者其他财产权的应当在拍卖十五日前公告。再次拍卖的起拍价降价幅度不得超过前次起拍价的百分之二十。

再次拍卖流拍的，可以依法在同一网络司法拍卖平台变卖。

《最高人民法院关于人民法院民事执行中拍卖、变卖财产的规定》

第十六条　拍卖时无人竞买或者竞买人的最高应价低于保留价，到场的申请执行人或者其他执行债权人申请或者同意以该次拍卖所定的保留价接受拍卖财产的，应当将该财产交其抵债。

有两个以上执行债权人申请以拍卖财产抵债的，由法定受偿顺位在先的债权人优先承受；受偿顺位相同的，以抽签方式决定承受人。承受人应受清偿的债权额低于抵债财产的价额的，人民法院应当责令其在指定的期间内补交差额。

第二十五条　对于第二次拍卖仍流拍的不动产或者其他财产权，人民法院可以依照本规定第十六条的规定将其作价交申请执行人或者其他执行债权人抵债。申请执行人或者其他执行债权人拒绝接受或者依法不能交付其抵债的，应当在六十日内进行第三次拍卖。

第三次拍卖流拍且申请执行人或者其他执行债权人拒绝接受或者依法不能接受该不动产或者其他财产权抵债的，人民法院应当于第三次拍卖终结之日起七日内发出变卖公告。自公告之日起六十日内没有买受人愿意以第三次拍卖的保留价买受该财产，且申请执行人、其他执行债权人仍不表示接受该财产抵债的，应当解除查封、冻结，将该财产退还被执行人，但对该财产可以采取其他执行措施的除外。

《最高人民法院关于在执行工作中如何计算迟延履行期间的债务利息等问题的批复》

第一条　人民法院根据《中华人民共和国民事诉讼法》第二百二十九条计算“迟延履行期间的债务利息”时，应当按照中国人民银行规定的同期贷款基准利率计算。

第二条　执行款不足以偿付全部债务的，应当根据并还原则按比例清偿法律文书确定的金钱债务与迟延履行期间的债务利息，但当事人在执行和解中对清偿顺序另有约定的除外。

《最高人民法院关于执行程序中计算迟延履行期间的债务利息适用法律若干问题的解释》

第一条　根据民事诉讼法第二百五十三条规定加倍计算之后的迟延履行期间的债务利息，包括迟延履行期间的一般债务利息和加倍部分债务利息。

迟延履行期间的一般债务利息，根据生效法律文书确定的方法计算；生效法律文书未确定给付该利息的，不予计算。

加倍部分债务利息的计算方法为：加倍部分债务利息 = 债务人尚未清偿的生效法律文书确定的除一般债务利息之外的金钱债务 × 日万分之一点七五 × 迟延履行期间。

第二条　加倍部分债务利息自生效法律文书确定的履行期间届满之日起计

算;生效法律文书确定分期履行的,自每次履行期间届满之日起计算;生效法律文书未确定履行期间的,自法律文书生效之日起计算。

第三条　加倍部分债务利息计算至被执行人履行完毕之日;被执行人分次履行的,相应部分的加倍部分债务利息计算至每次履行完毕之日。

人民法院划拨、提取被执行人的存款、收入、股息、红利等财产的,相应部分的加倍部分债务利息计算至划拨、提取之日;人民法院对被执行人财产拍卖、变卖或者以物抵债的,计算至成交裁定或者抵债裁定生效之日;人民法院对被执行人财产通过其他方式变价的,计算至财产变价完成之日。

非因被执行人的申请,对生效法律文书审查而中止或者暂缓执行的期间及再审中止执行的期间,不计算加倍部分债务利息。

《最高人民法院关于人民法院办理执行异议和复议案件若干问题的规定》

第七条　当事人、利害关系人认为执行过程中或者执行保全、先予执行裁定过程中的下列行为违法提出异议的,人民法院应当依照民事诉讼法第二百二十五条规定进行审查:

(一)查封、扣押、冻结、拍卖、变卖、以物抵债、暂缓执行、中止执行、终结执行等执行措施;

(二)执行的期间、顺序等应当遵守的法定程序;

(三)人民法院作出的侵害当事人、利害关系人合法权益的其他行为。

被执行人以债权消灭、丧失强制执行效力等执行依据生效之后的实体事由提出排除执行异议的,人民法院应当参照民事诉讼法第二百二十五条规定进行审查。

除本规定第十九条规定的情形外,被执行人以执行依据生效之前的实体事由提出排除执行异议的,人民法院应当告知其依法申请再审或者通过其他程序解决。

第十八章

执行费用

29 执行有费用吗？若有，产生的费用由谁承担？

案件介绍

申请执行人张某与被执行人江某、龚某民间借贷纠纷执行一案，法院向被执行人江某、龚某发出执行通知书、报告财产令后，被执行人仍未履行生效法律文书确定的义务。法院在执行过程中，决定对江某、龚某作为被执行人的另外5件执行案件与本案合并执行。并组织执行听证，确定了被执行人财产的分配原则及方案。

裁判结果

被执行人江某、龚某限制消费后，将执行情况告知申请执行人并征求申请执行人的意见，申请执行人同意终结本次执行程序，本案依法应当终结本次执行程序。依照《民诉法解释》第519条规定，裁定如下：

终结本次执行程序。

申请执行人发现被执行人有可供执行财产的，可以再次申请执行。

律师点评

法院的判决生效之后，如果当事人不按照判决书或裁定书的内容来执行，那么另一方此时可以向法院申请进行强制执行。但申请法院强制执行得需要支付一定的费用。执行申请费由被执行人负担，不由申请执行人预交，人民法院在执行生效法律文书中确定的内容之外直接向被执行人收取。拍卖、变卖担保财产的裁定作出后，人民法院强制执行的，按照执行金额收取执行申请费。执行中当事人达成和解协议的，申请费的负担由双方当事人协商解决；协商不成的，由人民法院决定。因强制执行而发生的保管、仓储、运输等费用，由申请执行人预交并直接支付，人民法院不得代收代付。案款执行到位后，该费用从案款中支付申请执行人。将被执行人不履行法律文书确定义务的信息，通过报纸、广播、电视、互联网等媒体公布的，有关费用由被执行人负担。申请执行人申请在媒体发布的，应当垫付有关费用。执行费用以人民币计为计算单位。以外币为计算单位的，依照人民法院决定受理案件之日国家公布的汇率换算成人民币计算。

本案分配方案中法院优先扣除了包括执行费在内的拍卖服务费、案件诉讼费和保全费。

法条链接

《最高人民法院关于适用〈中华人民共和国民事诉讼法〉的解释》

第五百一十九条　经过财产调查未发现可供执行的财产，在申请执行人签字确认或者执行法院组成合议庭审查核实并经院长批准后，可以裁定终结本次执行程序。

依照前款规定终结执行后，申请执行人发现被执行人有可供执行财产的，可以再次申请执行。再次申请不受申请执行时效期间的限制。

第十九章

强制措施和间接执行措施

30 欠债不还，能拘传债务人吗？

案件介绍

在申请执行人江源混凝土公司与被执行人朱某民间借贷纠纷一案中，(2018)苏0682民初3944号民事判决书已发生法律效力，被执行人朱某未在指定的期间履行给付金钱义务，申请执行人申请强制执行，法院依据法定程序执行。一是通过法院专递邮件向被执行人发出执行通知书、财产申报令、限制消费令、风险告知书，督促被执行人履行生效法律文书确定的义务，被执行人父亲代签收。二是通过全国网络总对总及全省网络点对点查控系统查询被执行人财产状况。2018年8月15日，被执行人朱某经依法传唤无正当理由拒不到庭，影响了本案的执行，因此对被执行人予以拘传。拘传票于当天送达被拘传人，拘传人当场写了悔过书。

裁判结果

经协商，申请执行人与被执行人双方达成分期付款和解协议。终结(2018)苏0682民初3944号民事判决书的执行。

如被执行人不履行和解协议,申请执行人可以向本院申请恢复执行。

律师点评

拘传,是指有权机关对犯罪嫌疑人或必须出庭的被告、被执行人等采用的一种强制措施。实践中不少法院已在执行程序中适用了拘传措施。《民事诉讼法》第112条明确规定:“人民法院对必须到庭的被告,经两次传票传唤,无正当理由拒不到庭的,可以拘传”。本案中被执行人因无正当理由而导致执行受阻,属于必须到人民法院接受咨询的被执行人,因此被拘传。事实上,拘传在民事诉讼案件中适用的条件非常严格。一是必须符合《民事诉讼法》第112条的规定,二是对被拘传人的调查询问不得超过24小时,调查询问后不得限制被拘传人的人身自由。

因此在实际案例中,在符合《民事诉讼法》相关规定时可以拘传债务人。[1]

法条链接

《中华人民共和国民事诉讼法》

第二百六十条　被执行人未按判决、裁定和其他法律文书指定的期间履行给付金钱义务的,应当加倍支付迟延履行期间的债务利息。被执行人未按判决、裁定和其他法律文书指定的期间履行其他义务的,应当支付迟延履行金。

31 针对不合理的罚款、拘留措施如何救济?

案件介绍

复议申请人吕某、王某、江阴星光公司、宿迁希望公司、江阴希望公司因不服

〔1〕 拘传的主要对象是被执行人或被执行人的法定代表人或负责人,因此针对拘传的复议申请主体也必须是被执行人或被执行人的法定代表人或负责人,其他主体不是适格的申请复议主体。

案例:《安徽用世某房地产公司其他民事决定书》[温州市中级人民法院(2017)浙03司惩复18号]。

法院认为,根据《民诉法解释》第185条的规定,被罚款、拘留的人不服罚款、拘留决定申请复议的,应当自收到决定书之日起3日内提出。执行法院(2017)浙0329执315号拘留决定的被拘留人系安徽用世某房地产公司法定代表人朱某,被执行人安徽用世某房地产公司不是适格的申请复议主体。

靖江市人民法院于2017年7月14日作出的(2017)苏1282执684-1、2、3、4、5号拘留决定书,向泰州市中级人民法院申请复议。复议申请人提出:(1)由于该案执行标的额较大,复议申请人暂无力以现金方式履行还款责任,因大量不动产正在处置,复议申请人均不存在拒不按执行通知书履行还款义务的行为;(2)执行法院靖江市人民法院以复议申请人拒不申报财产为由作出罚款决定,无事实依据。

裁判结果

经泰州市中级人民法院审查,复议申请人在接到报告财产令后,未按执行通知履行生效法律文书确定的义务,也未报告当前以及收到执行通知之日前一年的财产情况,靖江市人民法院以复议申请人拒不申报财产作出罚款决定并无不当。复议申请人以其已向本院申报过财产,而拒不向靖江市人民法院申报财产情况的理由不能成立,该复议请求依法不予支持。

但鉴于靖江市人民法院以复议申请人未按执行通知书履行还款义务作出罚款决定不当,泰州市中级市人民法院对罚款数额予以降低。

律师点评

被执行人在受到不合理的罚款、拘留措施后,依然可以通过法律途径寻求救济。根据《民事诉讼法》第119条第3款之规定,罚款、拘留应当用决定书。对决定不服的,可以向上一级人民法院申请复议一次。复议期间不停止执行。同时参照《民诉法解释》第185条的规定,被罚款、拘留的人不服罚款、拘留决定申请复议的,应当自收到决定书之日起3日内提出。上级人民法院应当在收到复议申请后5日内作出决定,并将复议结果通知下级人民法院和当事人。

因此,被执行人在受到不合理罚款、拘留时,要及时申请复议,以降低财产损失。如本案被执行人申请复议后,罚款金额减半。

法条链接

《中华人民共和国民事诉讼法》

第一百一十四条第一款第六项　诉讼参与人或者其他人有下列行为之一的，人民法院可以根据情节轻重予以罚款、拘留；构成犯罪的，依法追究刑事责任：……

（六）拒不履行人民法院已经发生法律效力的判决、裁定的。

第一百一十九条第三款　罚款、拘留应当用决定书。对决定不服的，可以向上一级人民法院申请复议一次。复议期间不停止执行。

第二百四十八条　被执行人未按执行通知履行法律文书确定的义务，应当报告当前以及收到执行通知之日前一年的财产情况。被执行人拒绝报告或者虚假报告的，人民法院可以根据情节轻重对被执行人或者其法定代理人、有关单位的主要负责人或者直接责任人员予以罚款、拘留。

《最高人民法院关于适用〈中华人民共和国民事诉讼法〉的解释》

第一百八十八条　民事诉讼法第一百一十一条第一款第六项规定的拒不履行人民法院已经发生法律效力的判决、裁定的行为，包括：

（一）在法律文书发生法律效力后隐藏、转移、变卖、毁损财产或者无偿转让财产、以明显不合理的价格交易财产、放弃到期债权、无偿为他人提供担保等，致使人民法院无法执行的；

（二）隐藏、转移、毁损或者未经人民法院允许处分已向人民法院提供担保的财产的；

（三）违反人民法院限制消费令进行消费的；

（四）有履行能力而拒不按照人民法院执行通知履行生效法律文书确定的义务的；

（五）有义务协助执行的个人接到人民法院协助执行通知书后，拒不协助执行的。

32 法定代表人因公司债务被限制出境，对限制出境措施不服，可以系公司债务非个人债务要求解除限制措施吗？

案件介绍

复议申请人严某不服惠州市大亚湾经济技术开发区人民法院（2017）粤1391执936号决定书，向惠州市中级人民法院申请复议，请求依法撤销（2017）粤1391执936号执行决定书，解除对严某的限制出境决定。事实与理由如下：（1）依法应由大亚湾工艺公司对被执行人李某等19人承担付款责任而非由严某个人承担；（2）严某一直配合大亚湾区劳动保障监察综合执行大队和大亚湾经济技术开发区人民法院的工作，尽力解决其作为法定代表人期间行为都属于职务行为，严某依法不应承担惠州大亚湾群策工艺有限公司对外的债务，对严某采取限制出境无助于进一步解决李某等19人执行案件的执行；（3）（2017）粤1391执936号执行决定书送达程序违法法律规定。

裁判结果

依据《最高人民法院关于人民法院办理执行异议和复议案件若干问题的规定》第9条的规定，决定如下：

驳回严某的复议申请，维持惠州市大亚湾经济技术开发区人民法院（2017）粤1391执936号执行决定书。

律师点评

限制出境措施，是指在民事诉讼程序中，为保证民事案件的顺利审理和将来有效裁判的执行，人民法院应当事人的申请，通知有未了结民事案件的当事人不得离境的一种保全措施。限制出境的对象不仅包括被执行人的法定代表人、主要负责人、法定代理人，还包括对债务履行有一定影响的直接责任人员。在限制出境期间，被执行人履行完全部义务的，执行法院应及时解除限制出境措施；被执行人提供充分、有效的担保或者申请执行人同意的，也可以解除限制出境措施。

本案中，在被执行人大亚湾工艺公司未履行债务或未提供担保、未取得申请执行人同意的情况下，复议申请人严某出的复议请求缺乏事实和法律依据。

但如果该被执行人认为该笔债务系非其担任公司法定代表人期间产生的，可以提出异议，根据情况，有解除限制措施的可能性。

法条链接

《中华人民共和国出境入境管理法》

第十二条第三项　中国公民有下列情形之一的，不准出境：……（三）有未了结的民事案件，人民法院决定不准出境的。

《中华人民共和国民事诉讼法》

第二百六十二条　被执行人不履行法律文书确定的义务的，人民法院可以对其采取或者通知有关单位协助采取限制出境，在征信系统记录、通过媒体公布不履行义务信息以及法律规定的其他措施。

《最高人民法院关于适用〈中华人民共和国民事诉讼法〉执行程序若干问题的解释》

第二十四条第一款　被执行人为单位的，可以对其法定代表人、主要负责人或者影响债务履行的直接责任人员限制出境。

《最高人民法院关于人民法院办理执行异议和复议案件若干问题的规定》

第九条　被限制出境的人认为对其限制出境错误的，可以自收到限制出境决定之日起十日内向上一级人民法院申请复议。上一级人民法院应当自收到复议申请之日起十五日内作出决定。复议期间，不停止原决定的执行。

33 什么是纳入失信名单？怎么办理？可以撤销解除吗？

案件介绍

在惠阳实业公司与被执行人曾某商品房预售合同纠纷一案中，惠州市中级人民法院（2015）惠中法民一终字第1593号民事判决书已发生法律效力。申请执行人于2016年11月24日向泰州市中级人民法院申请强制执行。泰州市中级人民法院依法向被执行人发出执行通知书，责令被执行人曾某助申请执行人办理解除2012年4月24日签订的《广东省商品房买卖合同》所涉商品房的预售备案登记手续，支付相关费用。在执行过程中，申请执行人的委托代理人于2017年4月24日向泰州市中级人民法院提交书面执行和解协议，称申请执行人已与被执行人达成执行和解，申请终结执行。

裁判结果

经泰州市中级人民法院审查，和解协议合法有效，申请执行人的申请是其真实意思表示，申请事项不违反法律规定，裁定如下：

1. 将被执行人曾某从失信被执行人名单库中删除。

2. 终结本次执行程序。

被执行人不按和解协议履行，申请执行人可以书面向本院申请恢复执行。

本裁定送达后立即生效。

律师点评

失信被执行人，是指被执行人具有履行能力而不履行生效法律文书确定的义务。失信名单的产生是由各级人民法院将向政府相关部门、金融监管机构、金融机构、承担行政职能的事业单位及行业协会等，通报失信被执行人名单信息，从而产生失信名单。

在被执行人被纳入失信名单后，被执行人可以通过不同途径将自己移除失信名单。如本案的被执行人曾某通过与申请执行人和解的方式，请求法院将被执行人从失信被执行人名单库中删除。[1]

法条链接

《中华人民共和国民事诉讼法》

第一百五十七条第一款第十一项　裁定适用于下列范围:

(十一)其他需要裁定解决的事项。

《最高人民法院关于公布失信被执行人名单信息的若干规定》

第十条　具有下列情形之一的,人民法院应当在三个工作日内删除失信信息:

(一)被执行人已履行生效法律文书确定的义务或人民法院已执行完毕的;

(二)当事人达成执行和解协议且已履行完毕的;

(三)申请执行人书面申请删除失信信息,人民法院审查同意的;

(四)终结本次执行程序后,通过网络执行查控系统查询被执行人财产两次以上,未发现有可供执行财产,且申请执行人或者其他人未提供有效财产线索的;

(五)因审判监督或破产程序,人民法院依法裁定对失信被执行人中止执行的;

(六)人民法院依法裁定不予执行的;

(七)人民法院依法裁定终结执行的。

有纳入期限的,不适用前款规定。纳入期限届满后三个工作日内,人民法院应当删除失信信息。

依照本条第一款规定删除失信信息后,被执行人具有本规定第一条规定情

---

〔1〕 失信被执行人可以通过多种方式解除失信人名单,法院依法将被执行人的有关信息从失信被执行人名单库中删除。但人民法院对被纳入失信人名单的被执行人的救济程序,应该区别于对执行行为等的异议、复议程序,对被纳入失信名单的被执行人的申请不管是作出纠正还是驳回的决定,均应制作决定书并送达申请人。

案例:海珠区人民法院对申请执行人叶某依据已经发生法律效力的(2017)粤0105民初3135号以及(2017)粤01民终22700号民事判决申请执行被执行人钟某、秦某民间借贷纠纷一案立案执行,案号为(2018)粤0105执3434号。在执行过程中,海珠区人民法院于2018年9月11日作出(2018)粤0105执3434号之一执行决定书决定将秦某纳入失信被执行人名单。被执行人秦某不服并提出书面异议申请。法院根据《最高人民法院关于公布失信被执行人名单信息的若干规定》第11条的规定,认为若被执行人秦某认为将其纳入失信被执行人名单有误,秦某可直接申请纠正,而并非通过执行异议程序解决,故对该项异议申请,本案不予审查。

形之一的，人民法院可以重新将其纳入失信被执行人名单。

依照本条第一款第三项规定删除失信信息后六个月内，申请执行人申请将该被执行人纳入失信被执行人名单的，人民法院不予支持。

第十二条 公民、法人或其他组织对被纳入失信被执行人名单申请纠正的，执行法院应当自收到书面纠正申请之日起十五日内审查，理由成立的，应当在三个工作日内纠正；理由不成立的，决定驳回。公民、法人或其他组织对驳回决定不服的，可以自决定书送达之日起十日内向上一级人民法院申请复议。上一级人民法院应当自收到复议申请之日起十五日内作出决定。

复议期间，不停止原决定的执行。

《最高人民法院关于适用〈中华人民共和国民事诉讼法〉的解释》

第五百一十八条 被执行人不履行法律文书确定的义务的，人民法院除对被执行人予以处罚外，还可以根据情节将其纳入失信被执行人名单，将被执行人不履行或者不完全履行义务的信息向其所在单位、征信机构以及其他相关机构通报。

34 什么是限制消费？怎么办理？可以撤销解除吗？

案件介绍

申请执行人孙某依据已经发生法律效力的（2008）海民二初字第1118号民事判决申请执行被执行人南鹤房地产公司民间借贷纠纷一案，广东省广州市海珠区人民法院已立案执行，案号为（2017）粤0105执1011号。执行过程中，广东省广州市海珠区人民法院于2018年7月26日向被执行人南鹤公司发出限制消费令，限制其法定代表人万某高消费及非生活或者经营必需的有关消费。现利害关系人万某向广东省广州市海珠区人民法院提出书面异议，要求撤销限制消费措施。

广东省广州市海珠区人民法院认为，本案的焦点问题：在南鹤公司已变更法定代表人的情况下，能否继续对万某采取限制消费措施。结合案件的情况，广东省广州市海珠区人民法院评析如下:(1)根据《最高人民法院关于限制被执行人高消费及有关消费的若干规定》第1条第1款及第3条第2款,广东省广州市海珠区人民法院对其法定代表人万某采取限制消费措施符合法律规定;(2)根据以上规定,被限制消费令的法定代表人不必然系公司的实际控制人,法定代表人和实际控制人系并列的都应被采取限制消费措施的对象,两者不存在替代关系;(3)是否变更法定代表人是法人内部管理行为,可由法人自由决定,并由工商部门核准登记即可,但当法人内部管理行为对外产生利害关系时,理应受到一定的限制;(4)利害关系人万某在变更法定代表人没有前向广东省广州市海珠区人民法院如实报告,反而在执行期间擅自变更法定代表人的行为显属不当。因此广东省广州市海珠区人民法院予以驳回异议,案号(2019)粤0105执异66号执行裁定。

之后万某向广东省广州市海珠区人民法院申请复议,称万某并非南鹤公司法定代表人,亦非主要负责人或其他影响债务履行的直接责任人员,对其采取限制消费执行措施没有依据。请求:(1)撤销(2019)粤0105执异66号执行裁定书;(2)解除对万某采取的限制消费执行措施。

裁判结果

经广东省广州市海珠区人民法院审查,(1)在广东省广州市海珠区人民法院发出上述限制消费令时,万某是南鹤公司当时的法定代表人,但也不排除万某是南鹤公司的主要负责人、影响债务履行的直接责任人员、实际控制人;(2)并未有证据显示在广东省广州市海珠区人民法院于2017年向南鹤公司发出执行通知书及报告财产令后,南鹤公司向法院报告了其财产情况,万某作为南鹤公司当时的法定代表人,对此亦需承担法律责任。

驳回万某的复议申请,维持广东省广州市海珠区人民法院(2019)粤0105执异66号执行裁定。

律师点评

限制消费,是指被执行人不得有法律规定的消费行为,主要包括被执行人的交通出行、高档场所消费、购买不动产、子女就读高收费私立学校等高消费行为。

一般情况下，满足下列两种情形人民法院可以解除被执行人的限制消费令：(1)限制消费期间，被执行人提供确实有效的担保或者经申请执行人同意的；(2)被执行人履行完毕生效法律文书确定的义务的。

本案中，海珠区人民法院于2018年7月向被执行人南鹤公司发出限制消费令，限制的范围包括南鹤公司及南鹤公司的法定代表人、主要负责人、影响债务履行的直接责任人员、实际控制人。虽然2019年1月25日南鹤公司将法定代表人变更为李某，并不影响万某作为当时的法定代表人因为未尽财产报告义务而承担的限制消费令的法律责任。[1]

法条链接

《中华人民共和国民事诉讼法》

第一百五十七条第一款第十一项　裁定适用于下列范围：其他需要裁定解决的事项。

《最高人民法院关于人民法院办理执行异议和复议案件若干问题的规定》

第二十三条第一款第一项　上一级人民法院对不服异议裁定的复议申请审查后，应当按照下列情形，分别处理：

---

〔1〕 限制消费主要是针对那些有清偿能力却拒不履行义务的被执行人。因此，人民法院在决定采取限制消费措施时，应当考虑被执行人履行义务的态度和履行能力。被执行人有拒不申报财产或者申报不实、拒不配合法院查找财产等消极履行的行为、规避执行的行为或者抗拒执行的行为，法院有权对其采取限制消费措施。被执行人为单位的，被采取限制消费措施后，被执行人及其法定代表人、主要负责人、影响债务履行的直接责任人员、实际控制人不得实施高消费及非生活和工作必需的消费行为。对于一般的公司股东，不宜实施限制消费的措施。

案例一：在申请执行人赵某申请执行被执行人世银联公司、火山岩公司、丰瑞盛公司、卢某民间借贷纠纷一案中，异议人王某对法院发出的限制消费令提出书面异议，称：(1)王某在代持股权及担任公司法定代表人期间，未获得任何经济利益，不知晓公司的借款事宜，也没有贷款需求及还款能力；(2)2014年年底，王某从公司离职，对本案所涉诉讼亦不知情；(3)王某因被限制消费，生活、工作受到严重影响。综上，请求撤销限制消费令。

法院认为，王某担任丰瑞盛公司的法定代表人，丰瑞盛公司作为被执行人未履行生效判决确定的给付义务，法院对该公司及王某采取限制消费措施，符合前述司法解释的规定。王某系完全民事行为能力人，应当清楚其担任丰瑞盛公司法定代表人的法律后果，王某以其系代卢某持有股权、未获得经济利益、不清楚丰瑞盛公司案涉借款等为由主张不应作为限制消费对象，缺乏法律依据，其要求撤销限制消费令，法院不予支持。

案例二：在执行申请执行人江山智侣车行与被执行人杭州智侣新能源科技有限公司民间借贷纠纷一案中，异议人祝某提出执行异议，请求依法撤销认定异议人为杭州智侣新能源有限公司实际控制人并解除对异议人的限制消费措施。

依据《公司法》第216条对实际控制人的认定，可以认为实际控制人是指虽不是公司的股东，但通过投资关系、协议或者其他安排，能够实际支配公司行为的人。根据案件查明的事实可以认定异议人系杭州智侣新能源科技有限公司的控股股东，但控股股东并不当然为实际控制人，执行机构认定异议人为实际控制人对其采取限制消费，措施不当，因此应当撤销对异议人祝某的限制消费措施。

（一）异议裁定认定事实清楚，适用法律正确，结果应予维持的，裁定驳回复议申请，维持异议裁定。

《最高人民法院关于限制被执行人高消费及有关消费的若干规定》

第一条第一款　被执行人未按执行通知书指定的期间履行生效法律文书确定的给付义务的，人民法院可以采取限制消费措施，限制其高消费及非生活或者经营必需的有关消费。

第三条第二款　被执行人为单位的，被采取限制消费措施后，被执行人及其法定代表人、主要负责人、影响债务履行的直接责任人员、实际控制人不得实施前款规定的行为。因私消费以个人财产实施前款规定行为的，可以向执行法院提出申请。执行法院审查属实的，应予准许。

附　　录

附录一 《最高人民法院关于审理民间借贷案件适用法律若干问题的规定》（2020第二次修正）

（2015年6月23日最高人民法院审判委员会第1655次会议通过　根据2020年8月18日最高人民法院审判委员会第1809次会议通过的《最高人民法院关于修改〈关于审理民间借贷案件适用法律若干问题的规定〉的决定》第一次修正　根据2020年12月23日最高人民法院审判委员会第1823次会议通过的《最高人民法院关于修改〈最高人民法院关于在民事审判工作中适用《中华人民共和国工会法》若干问题的解释〉等二十七件民事类司法解释的决定》第二次修正）

为正确审理民间借贷纠纷案件，根据《中华人民共和国民法典》《中华人民共和国民事诉讼法》《中华人民共和国刑事诉讼法》等相关法律之规定，结合审判实践，制定本规定。

第一条　本规定所称的民间借贷，是指自然人、法人和非法人组织之间进行资金融通的行为。

经金融监管部门批准设立的从事贷款业务的金融机构及其分支机构，因发放贷款等相关金融业务引发的纠纷，不适用本规定。

第二条　出借人向人民法院提起民间借贷诉讼时，应当提供借据、收据、欠条等债权凭证以及其他能够证明借贷法律关系存在的证据。

当事人持有的借据、收据、欠条等债权凭证没有载明债权人，持有债权凭证的当事人提起民间借贷诉讼的，人民法院应予受理。被告对原告的债权人资格提出有事实依据的抗辩，人民法院经审查认为原告不具有债权人资格的，裁定驳回起诉。

第三条 借贷双方就合同履行地未约定或者约定不明确，事后未达成补充协议，按照合同相关条款或者交易习惯仍不能确定的，以接受货币一方所在地为合同履行地。

第四条 保证人为借款人提供连带责任保证，出借人仅起诉借款人的，人民法院可以不追加保证人为共同被告；出借人仅起诉保证人的，人民法院可以追加借款人为共同被告。

保证人为借款人提供一般保证，出借人仅起诉保证人的，人民法院应当追加借款人为共同被告；出借人仅起诉借款人的，人民法院可以不追加保证人为共同被告。

第五条 人民法院立案后，发现民间借贷行为本身涉嫌非法集资等犯罪的，应当裁定驳回起诉，并将涉嫌非法集资等犯罪的线索、材料移送公安或者检察机关。

公安或者检察机关不予立案，或者立案侦查后撤销案件，或者检察机关作出不起诉决定，或者经人民法院生效判决认定不构成非法集资等犯罪，当事人又以同一事实向人民法院提起诉讼的，人民法院应予受理。

第六条 人民法院立案后，发现与民间借贷纠纷案件虽有关联但不是同一事实的涉嫌非法集资等犯罪的线索、材料的，人民法院应当继续审理民间借贷纠纷案件，并将涉嫌非法集资等犯罪的线索、材料移送公安或者检察机关。

第七条 民间借贷纠纷的基本案件事实必须以刑事案件的审理结果为依据，而该刑事案件尚未审结的，人民法院应当裁定中止诉讼。

第八条 借款人涉嫌犯罪或者生效判决认定其有罪，出借人起诉请求担保人承担民事责任的，人民法院应予受理。

第九条 自然人之间的借款合同具有下列情形之一的，可以视为合同成立：

（一）以现金支付的，自借款人收到借款时；

（二）以银行转账、网上电子汇款等形式支付的，自资金到达借款人账户时；

（三）以票据交付的，自借款人依法取得票据权利时；

（四）出借人将特定资金账户支配权授权给借款人的，自借款人取得对该账户实际支配权时；

（五）出借人以与借款人约定的其他方式提供借款并实际履行完成时。

第十条 法人之间、非法人组织之间以及它们相互之间为生产、经营需要订立的民间借贷合同,除存在民法典第一百四十六条、第一百五十三条、第一百五十四条以及本规定第十三条规定的情形外,当事人主张民间借贷合同有效的,人民法院应予支持。

第十一条 法人或者非法人组织在本单位内部通过借款形式向职工筹集资金,用于本单位生产、经营,且不存在民法典第一百四十四条、第一百四十六条、第一百五十三条、第一百五十四条以及本规定第十三条规定的情形,当事人主张民间借贷合同有效的,人民法院应予支持。

第十二条 借款人或者出借人的借贷行为涉嫌犯罪,或者已经生效的裁判认定构成犯罪,当事人提起民事诉讼的,民间借贷合同并不当然无效。人民法院应当依据民法典第一百四十四条、第一百四十六条、第一百五十三条、第一百五十四条以及本规定第十三条之规定,认定民间借贷合同的效力。

担保人以借款人或者出借人的借贷行为涉嫌犯罪或者已经生效的裁判认定构成犯罪为由,主张不承担民事责任的,人民法院应当依据民间借贷合同与担保合同的效力、当事人的过错程度,依法确定担保人的民事责任。

第十三条 具有下列情形之一的,人民法院应当认定民间借贷合同无效:

(一)套取金融机构贷款转贷的;

(二)以向其他营利法人借贷、向本单位职工集资,或者以向公众非法吸收存款等方式取得的资金转贷的;

(三)未依法取得放贷资格的出借人,以营利为目的向社会不特定对象提供借款的;

(四)出借人事先知道或者应当知道借款人借款用于违法犯罪活动仍然提供借款的;

(五)违反法律、行政法规强制性规定的;

(六)违背公序良俗的。

第十四条 原告以借据、收据、欠条等债权凭证为依据提起民间借贷诉讼,被告依据基础法律关系提出抗辩或者反诉,并提供证据证明债权纠纷非民间借贷行为引起的,人民法院应当依据查明的案件事实,按照基础法律关系审理。

当事人通过调解、和解或者清算达成的债权债务协议,不适用前款规定。

第十五条 原告仅依据借据、收据、欠条等债权凭证提起民间借贷诉讼,被告抗辩已经偿还借款的,被告应当对其主张提供证据证明。被告提供相应证据证明其主张后，原告仍应就借贷关系的存续承担举证责任。

被告抗辩借贷行为尚未实际发生并能作出合理说明的，人民法院应当结合借贷金额、款项交付、当事人的经济能力、当地或者当事人之间的交易方式、交易习惯、当事人财产变动情况以及证人证言等事实和因素，综合判断查证借贷事实是否发生。

第十六条 原告仅依据金融机构的转账凭证提起民间借贷诉讼，被告抗辩转账系偿还双方之前借款或者其他债务的，被告应当对其主张提供证据证明。被告提供相应证据证明其主张后，原告仍应就借贷关系的成立承担举证责任。

第十七条 依据《最高人民法院关于适用〈中华人民共和国民事诉讼法〉的解释》第一百七十四条第二款之规定，负有举证责任的原告无正当理由拒不到庭，经审查现有证据无法确认借贷行为、借贷金额、支付方式等案件主要事实的，人民法院对原告主张的事实不予认定。

第十八条 人民法院审理民间借贷纠纷案件时发现有下列情形之一的，应当严格审查借贷发生的原因、时间、地点、款项来源、交付方式、款项流向以及借贷双方的关系、经济状况等事实，综合判断是否属于虚假民事诉讼：

（一）出借人明显不具备出借能力；

（二）出借人起诉所依据的事实和理由明显不符合常理；

（三）出借人不能提交债权凭证或者提交的债权凭证存在伪造的可能；

（四）当事人双方在一定期限内多次参加民间借贷诉讼；

（五）当事人无正当理由拒不到庭参加诉讼，委托代理人对借贷事实陈述不清或者陈述前后矛盾；

（六）当事人双方对借贷事实的发生没有任何争议或者诉辩明显不符合常理；

（七）借款人的配偶或者合伙人、案外人的其他债权人提出有事实依据的异议；

（八）当事人在其他纠纷中存在低价转让财产的情形；

（九）当事人不正当放弃权利；

（十）其他可能存在虚假民间借贷诉讼的情形。

第十九条 经查明属于虚假民间借贷诉讼，原告申请撤诉的，人民法院不予准许，并应当依据民事诉讼法第一百一十二条之规定，判决驳回其请求。

诉讼参与人或者其他人恶意制造、参与虚假诉讼,人民法院应当依据民事诉讼法第一百一十一条、第一百一十二条和第一百一十三条之规定,依法予以罚款、拘留;构成犯罪的,应当移送有管辖权的司法机关追究刑事责任。

单位恶意制造、参与虚假诉讼的,人民法院应当对该单位进行罚款,并可以对其主要负责人或者直接责任人员予以罚款、拘留;构成犯罪的,应当移送有管辖权的司法机关追究刑事责任。

第二十条 他人在借据、收据、欠条等债权凭证或者借款合同上签名或者盖章,但是未表明其保证人身份或者承担保证责任,或者通过其他事实不能推定其为保证人,出借人请求其承担保证责任的,人民法院不予支持。

第二十一条 借贷双方通过网络贷款平台形成借贷关系,网络贷款平台的提供者仅提供媒介服务,当事人请求其承担担保责任的,人民法院不予支持。

网络贷款平台的提供者通过网页、广告或者其他媒介明示或者有其他证据证明其为借贷提供担保,出借人请求网络贷款平台的提供者承担担保责任的,人民法院应予支持。

第二十二条 法人的法定代表人或者非法人组织的负责人以单位名义与出借人签订民间借贷合同,有证据证明所借款项系法定代表人或者负责人个人使用,出借人请求将法定代表人或者负责人列为共同被告或者第三人的,人民法院应予准许。

法人的法定代表人或者非法人组织的负责人以个人名义与出借人订立民间借贷合同,所借款项用于单位生产经营,出借人请求单位与个人共同承担责任的,人民法院应予支持。

第二十三条 当事人以订立买卖合同作为民间借贷合同的担保,借款到期后借款人不能还款,出借人请求履行买卖合同的,人民法院应当按照民间借贷法律关系审理。当事人根据法庭审理情况变更诉讼请求的,人民法院应当准许。

按照民间借贷法律关系审理作出的判决生效后,借款人不履行生效判决确定的金钱债务,出借人可以申请拍卖买卖合同标的物,以偿还债务。就拍卖所得的价款与应偿还借款本息之间的差额,借款人或者出借人有权主张返还或者补偿。

第二十四条 借贷双方没有约定利息,出借人主张支付利息的,人民法院不予支持。

自然人之间借贷对利息约定不明，出借人主张支付利息的，人民法院不予支持。除自然人之间借贷的外，借贷双方对借贷利息约定不明，出借人主张利息的，人民法院应当结合民间借贷合同的内容，并根据当地或者当事人的交易方式、交易习惯、市场报价利率等因素确定利息。

第二十五条 出借人请求借款人按照合同约定利率支付利息的，人民法院应予支持，但是双方约定的利率超过合同成立时一年期贷款市场报价利率四倍的除外。

前款所称“一年期贷款市场报价利率”，是指中国人民银行授权全国银行间同业拆借中心自2019年8月20日起每月发布的一年期贷款市场报价利率。

第二十六条 借据、收据、欠条等债权凭证载明的借款金额，一般认定为本金。预先在本金中扣除利息的，人民法院应当将实际出借的金额认定为本金。

第二十七条 借贷双方对前期借款本息结算后将利息计入后期借款本金并重新出具债权凭证，如果前期利率没有超过合同成立时一年期贷款市场报价利率四倍，重新出具的债权凭证载明的金额可认定为后期借款本金。超过部分的利息，不应认定为后期借款本金。

按前款计算，借款人在借款期间届满后应当支付的本息之和，超过以最初借款本金与以最初借款本金为基数、以合同成立时一年期贷款市场报价利率四倍计算的整个借款期间的利息之和的，人民法院不予支持。

第二十八条 借贷双方对逾期利率有约定的，从其约定，但是以不超过合同成立时一年期贷款市场报价利率四倍为限。

未约定逾期利率或者约定不明的，人民法院可以区分不同情况处理：

（一）既未约定借期内利率，也未约定逾期利率，出借人主张借款人自逾期还款之日起参照当时一年期贷款市场报价利率标准计算的利息承担逾期还款违约责任的，人民法院应予支持；

（二）约定了借期内利率但是未约定逾期利率，出借人主张借款人自逾期还款之日起按照借期内利率支付资金占用期间利息的，人民法院应予支持。

第二十九条 出借人与借款人既约定了逾期利率，又约定了违约金或者其他费用，出借人可以选择主张逾期利息、违约金或者其他费用，也可以一并主张，但是总计超过合同成立时一年期贷款市场报价利率四倍的部分，人民法院不予支持。

第三十条 借款人可以提前偿还借款,但是当事人另有约定的除外。

借款人提前偿还借款并主张按照实际借款期限计算利息的,人民法院应予支持。

第三十一条 本规定施行后,人民法院新受理的一审民间借贷纠纷案件,适用本规定。

2020 年 8 月 20 日之后新受理的一审民间借贷案件,借贷合同成立于 2020 年 8 月 20 日之前,当事人请求适用当时的司法解释计算自合同成立到 2020 年 8 月 19 日的利息部分的,人民法院应予支持;对于自 2020 年 8 月 20 日到借款返还之日的利息部分,适用起诉时本规定的利率保护标准计算。

本规定施行后,最高人民法院以前作出的相关司法解释与本规定不一致的,以本规定为准。

附录二 《中华人民共和国民事诉讼法》节录(2021 修正)
第三编　执行程序

(1991 年 4 月 9 日第七届全国人民代表大会第四次会议通过　根据 2007 年 10 月 28 日第十届全国人民代表大会常务委员会第三十次会议《关于修改〈中华人民共和国民事诉讼法〉的决定》第一次修正　根据 2012 年 8 月 31 日第十一届全国人民代表大会常务委员会第二十八次会议《关于修改〈中华人民共和国民事诉讼法〉的决定》第二次修正　根据 2017 年 6 月 27 日第十二届全国人民代表大会常务委员会第二十八次会议《关于修改〈中华人民共和国民事诉讼法〉和〈中华人民共和国行政诉讼法〉的决定》第三次修正　根据 2021 年 12 月 24 日第十三届全国人民代表大会常务委员会第三十二次会议《关于修改〈中华人民共和国民事诉讼法〉的决定》第四次修正)

……

第三编　执 行 程 序

第十九章　一 般 规 定

第二百三十一条　发生法律效力的民事判决、裁定,以及刑事判决、裁定中的财产部分,由第一审人民法院或者与第一审人民法院同级的被执行的财产所在地人民法院执行。

法律规定由人民法院执行的其他法律文书,由被执行人住所地或者被执行的财产所在地人民法院执行。

第二百三十二条　当事人、利害关系人认为执行行为违反法律规定的,可以向负责执行的人民法院提出书面异议。当事人、利害关系人提出书面异议的,人民法院应当自收到书面异议之日起十五日内审查,理由成立的,裁定撤销或者改正;理由不成立的,裁定驳回。当事人、利害关系人对裁定不服的,可以自裁定送达之日起十日内向上一级人民法院申请复议。

第二百三十三条 人民法院自收到申请执行书之日起超过六个月未执行的,申请执行人可以向上一级人民法院申请执行。上一级人民法院经审查,可以责令原人民法院在一定期限内执行,也可以决定由本院执行或者指令其他人民法院执行。

第二百三十四条 执行过程中,案外人对执行标的提出书面异议的,人民法院应当自收到书面异议之日起十五日内审查,理由成立的,裁定中止对该标的的执行;理由不成立的,裁定驳回。案外人、当事人对裁定不服,认为原判决、裁定错误的,依照审判监督程序办理;与原判决、裁定无关的,可以自裁定送达之日起十五日内向人民法院提起诉讼。

第二百三十五条 执行工作由执行员进行。

采取强制执行措施时,执行员应当出示证件。执行完毕后,应当将执行情况制作笔录,由在场的有关人员签名或者盖章。

人民法院根据需要可以设立执行机构。

第二百三十六条 被执行人或者被执行的财产在外地的,可以委托当地人民法院代为执行。受委托人民法院收到委托函件后,必须在十五日内开始执行,不得拒绝。执行完毕后,应当将执行结果及时函复委托人民法院;在三十日内如果还未执行完毕,也应当将执行情况函告委托人民法院。

受委托人民法院自收到委托函件之日起十五日内不执行的,委托人民法院可以请求受委托人民法院的上级人民法院指令受委托人民法院执行。

第二百三十七条 在执行中,双方当事人自行和解达成协议的,执行员应当将协议内容记入笔录,由双方当事人签名或者盖章。

申请执行人因受欺诈、胁迫与被执行人达成和解协议,或者当事人不履行和解协议的,人民法院可以根据当事人的申请,恢复对原生效法律文书的执行。

第二百三十八条 在执行中,被执行人向人民法院提供担保,并经申请执行人同意的,人民法院可以决定暂缓执行及暂缓执行的期限。被执行人逾期仍不履行的,人民法院有权执行被执行人的担保财产或者担保人的财产。

第二百三十九条 作为被执行人的公民死亡的,以其遗产偿还债务。作为被执行人的法人或者其他组织终止的,由其权利义务承受人履行义务。

第二百四十条 执行完毕后，据以执行的判决、裁定和其他法律文书确有错误，被人民法院撤销的，对已被执行的财产，人民法院应当作出裁定，责令取得财产的人返还；拒不返还的，强制执行。

第二百四十一条 人民法院制作的调解书的执行，适用本编的规定。

第二百四十二条 人民检察院有权对民事执行活动实行法律监督。

第二十章 执行的申请和移送

第二百四十三条 发生法律效力的民事判决、裁定，当事人必须履行。一方拒绝履行的，对方当事人可以向人民法院申请执行，也可以由审判员移送执行员执行。

调解书和其他应当由人民法院执行的法律文书，当事人必须履行。一方拒绝履行的，对方当事人可以向人民法院申请执行。

第二百四十四条 对依法设立的仲裁机构的裁决，一方当事人不履行的，对方当事人可以向有管辖权的人民法院申请执行。受申请的人民法院应当执行。

被申请人提出证据证明仲裁裁决有下列情形之一的，经人民法院组成合议庭审查核实，裁定不予执行：

（一）当事人在合同中没有订有仲裁条款或者事后没有达成书面仲裁协议的；

（二）裁决的事项不属于仲裁协议的范围或者仲裁机构无权仲裁的；

（三）仲裁庭的组成或者仲裁的程序违反法定程序的；

（四）裁决所根据的证据是伪造的；

（五）对方当事人向仲裁机构隐瞒了足以影响公正裁决的证据的；

（六）仲裁员在仲裁该案时有贪污受贿，徇私舞弊，枉法裁决行为的。

人民法院认定执行该裁决违背社会公共利益的，裁定不予执行。

裁定书应当送达双方当事人和仲裁机构。

仲裁裁决被人民法院裁定不予执行的，当事人可以根据双方达成的书面仲裁协议重新申请仲裁，也可以向人民法院起诉。

第二百四十五条 对公证机关依法赋予强制执行效力的债权文书，一方当事人不履行的，对方当事人可以向有管辖权的人民法院申请执行，受申请的人民法院应当执行。

公证债权文书确有错误的,人民法院裁定不予执行,并将裁定书送达双方当事人和公证机关。

第二百四十六条 申请执行的期间为二年。申请执行时效的中止、中断,适用法律有关诉讼时效中止、中断的规定。

前款规定的期间,从法律文书规定履行期间的最后一日起计算;法律文书规定分期履行的,从最后一期履行期限届满之日起计算;法律文书未规定履行期间的,从法律文书生效之日起计算。

第二百四十七条 执行员接到申请执行书或者移交执行书,应当向被执行人发出执行通知,并可以立即采取强制执行措施。

第二十一章 执行措施

第二百四十八条 被执行人未按执行通知履行法律文书确定的义务,应当报告当前以及收到执行通知之日前一年的财产情况。被执行人拒绝报告或者虚假报告的,人民法院可以根据情节轻重对被执行人或者其法定代理人、有关单位的主要负责人或者直接责任人员予以罚款、拘留。

第二百四十九条 被执行人未按执行通知履行法律文书确定的义务,人民法院有权向有关单位查询被执行人的存款、债券、股票、基金份额等财产情况。人民法院有权根据不同情形扣押、冻结、划拨、变价被执行人的财产。人民法院查询、扣押、冻结、划拨、变价的财产不得超出被执行人应当履行义务的范围。

人民法院决定扣押、冻结、划拨、变价财产,应当作出裁定,并发出协助执行通知书,有关单位必须办理。

第二百五十条 被执行人未按执行通知履行法律文书确定的义务,人民法院有权扣留、提取被执行人应当履行义务部分的收入。但应当保留被执行人及其所扶养家属的生活必需费用。

人民法院扣留、提取收入时,应当作出裁定,并发出协助执行通知书,被执行人所在单位、银行、信用合作社和其他有储蓄业务的单位必须办理。

第二百五十一条 被执行人未按执行通知履行法律文书确定的义务,人民法院有权查封、扣押、冻结、拍卖、变卖被执行人应当履行义务部分的财产。但应当保留被执行人及其所扶养家属的生活必需品。

采取前款措施,人民法院应当作出裁定。

第二百五十二条 人民法院查封、扣押财产时,被执行人是公民的,应当通知被执行人或者他的成年家属到场;被执行人是法人或者其他组织的,应当通知其法定代表人或者主要负责人到场。拒不到场的,不影响执行。被执行人是公民的,其工作单位或者财产所在地的基层组织应当派人参加。

对被查封、扣押的财产,执行员必须造具清单,由在场人签名或者盖章后,交被执行人一份。被执行人是公民的,也可以交他的成年家属一份。

第二百五十三条 被查封的财产,执行员可以指定被执行人负责保管。因被执行人的过错造成的损失,由被执行人承担。

第二百五十四条 财产被查封、扣押后,执行员应当责令被执行人在指定期间履行法律文书确定的义务。被执行人逾期不履行的,人民法院应当拍卖被查封、扣押的财产;不适于拍卖或者当事人双方同意不进行拍卖的,人民法院可以委托有关单位变卖或者自行变卖。国家禁止自由买卖的物品,交有关单位按照国家规定的价格收购。

第二百五十五条 被执行人不履行法律文书确定的义务,并隐匿财产的,人民法院有权发出搜查令,对被执行人及其住所或者财产隐匿地进行搜查。

采取前款措施,由院长签发搜查令。

第二百五十六条 法律文书指定交付的财物或者票证,由执行员传唤双方当事人当面交付,或者由执行员转交,并由被交付人签收。

有关单位持有该项财物或者票证的,应当根据人民法院的协助执行通知书转交,并由被交付人签收。

有关公民持有该项财物或者票证的,人民法院通知其交出。拒不交出的,强制执行。

第二百五十七条 强制迁出房屋或者强制退出土地,由院长签发公告,责令被执行人在指定期间履行。被执行人逾期不履行的,由执行员强制执行。

强制执行时,被执行人是公民的,应当通知被执行人或者他的成年家属到场;被执行人是法人或者其他组织的,应当通知其法定代表人或者主要负责人到场。拒不到场的,不影响执行。被执行人是公民的,其工作单位或者房屋、土地所在地的基层组织应当派人参加。执行员应当将强制执行情况记入笔录,由在场人签名或者盖章。

强制迁出房屋被搬出的财物,由人民法院派人运至指定处所,交给被执行人。被执行人是公民的,也可以交给他的成年家属。因拒绝接收而造成的损失,由被执行人承担。

第二百五十八条 在执行中,需要办理有关财产权证照转移手续的,人民法院可以向有关单位发出协助执行通知书,有关单位必须办理。

第二百五十九条 对判决、裁定和其他法律文书指定的行为,被执行人未按执行通知履行的,人民法院可以强制执行或者委托有关单位或者其他人完成,费用由被执行人承担。

第二百六十条 被执行人未按判决、裁定和其他法律文书指定的期间履行给付金钱义务的,应当加倍支付迟延履行期间的债务利息。被执行人未按判决、裁定和其他法律文书指定的期间履行其他义务的,应当支付迟延履行金。

第二百六十一条 人民法院采取本法第二百四十九条、第二百五十条、第二百五十一条规定的执行措施后,被执行人仍不能偿还债务的,应当继续履行义务。债权人发现被执行人有其他财产的,可以随时请求人民法院执行。

第二百六十二条 被执行人不履行法律文书确定的义务的,人民法院可以对其采取或者通知有关单位协助采取限制出境,在征信系统记录、通过媒体公布不履行义务信息以及法律规定的其他措施。

第二十二章 执行中止和终结

第二百六十三条 有下列情形之一的,人民法院应当裁定中止执行:

(一)申请人表示可以延期执行的;

(二)案外人对执行标的提出确有理由的异议的;

(三)作为一方当事人的公民死亡,需要等待继承人继承权利或者承担义务的;

(四)作为一方当事人的法人或者其他组织终止,尚未确定权利义务承受人的;

(五)人民法院认为应当中止执行的其他情形。

中止的情形消失后,恢复执行。

第二百六十四条 有下列情形之一的,人民法院裁定终结执行:

(一)申请人撤销申请的;

(二)据以执行的法律文书被撤销的;

(三)作为被执行人的公民死亡,无遗产可供执行,又无义务承担人的;

(四)追索赡养费、扶养费、抚养费案件的权利人死亡的;

(五)作为被执行人的公民因生活困难无力偿还借款,无收入来源,又丧失劳动能力的;

(六)人民法院认为应当终结执行的其他情形。

第二百六十五条 中止和终结执行的裁定,送达当事人后立即生效。

……